奈良 歴史地図帖

探訪!!

歴史探訪研究会=編

小学館

奈良広域図

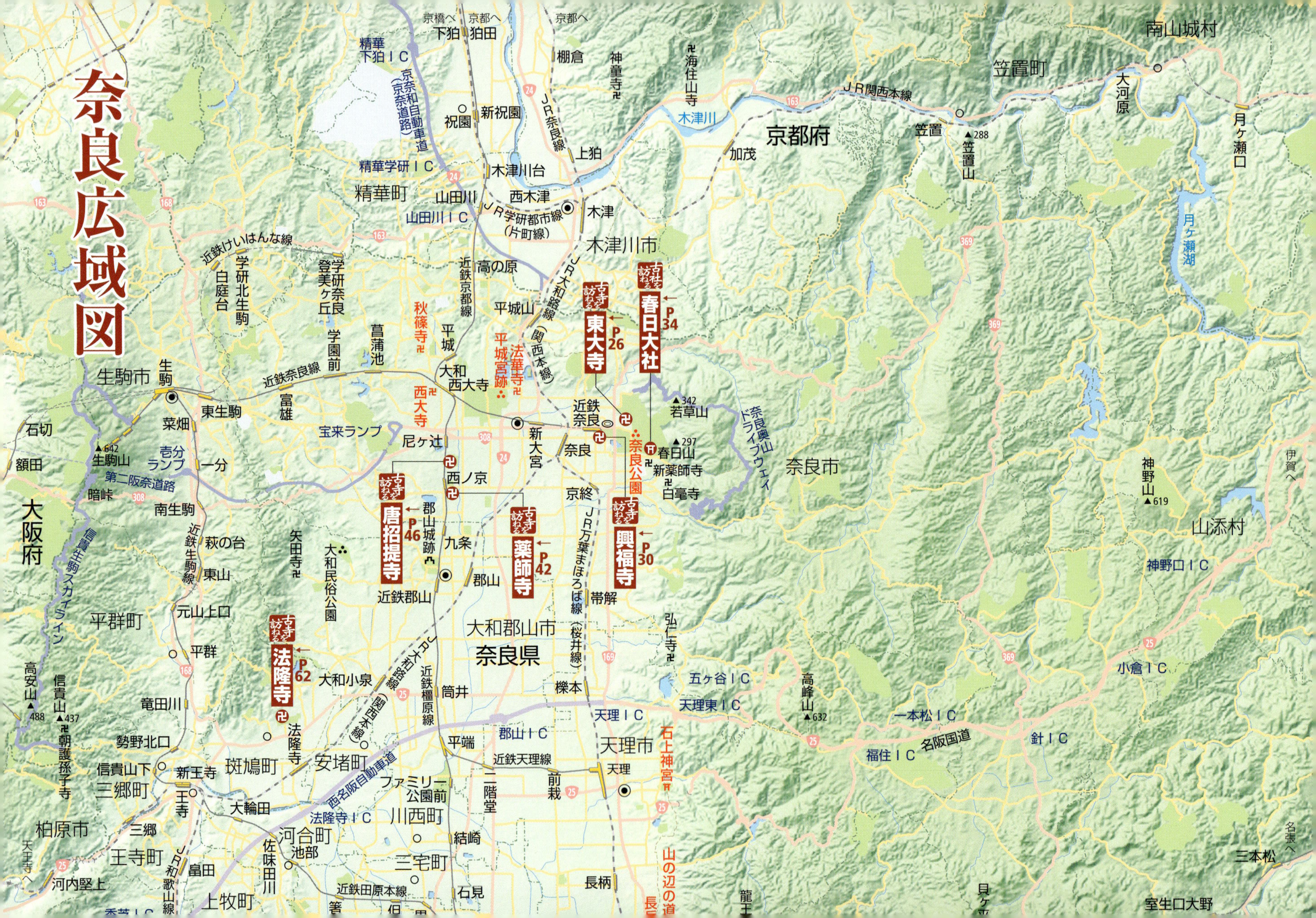

京都府
奈良県
大阪府
奈良市
木津川市
大和郡山市
天理市
生駒市
柏原市
精華町
笠置町
南山城村
山添村
平群町
斑鳩町
安堵町
三郷町
王寺町
河合町
川西町
三宅町
東大寺 P26
春日大社 P34
興福寺 P30
薬師寺 P42
唐招提寺 P46
法隆寺 P62
西大寺
秋篠寺
法華寺
平城宮跡
奈良公園
石上神宮
山の辺の道
新薬師寺
白毫寺
若草山
春日山
大和民俗公園
郡山城跡
奈良奥山ドライブウェイ
月ヶ瀬湖
木津川
JR関西本線
JR奈良線
JR学研都市線（片町線）
JR大和路線（関西本線）
JR万葉まほろば線（桜井線）
近鉄奈良線
近鉄京都線
近鉄けいはんな線
近鉄天理線
近鉄橿原線
近鉄田原本線
近鉄生駒線
京奈和自動車道（京奈和道路）
第二阪奈道路
西名阪自動車道
名阪国道
信貴生駒スカイライン
宝来ランプ
壱分ランプ
精華下狛IC
精華学研IC
山田川IC
天理IC
天理東IC
五ヶ谷IC
郡山IC
法隆寺IC
福住IC
一本松IC
針IC
小倉IC
神野口IC
近鉄奈良
大和西大寺
新大宮
奈良
京終
帯解
櫟本
天理
前栽
二階堂
平端
筒井
九条
郡山
近鉄郡山
西ノ京
尼ヶ辻
平城
高の原
平城山
木津
上狛
西木津
木津川台
山田川
祝園
新祝園
狛田
下狛
棚倉
加茂
笠置
大河原
月ヶ瀬口
学研奈良登美ヶ丘
学園前
菖蒲池
富雄
東生駒
生駒
菜畑
一分
南生駒
萩の台
東山
元山上口
平群
竜田川
勢野北口
信貴山下
王寺
新王寺
三郷
畠田
大輪田
法隆寺
大和小泉
ファミリー公園前
結崎
石見
池部
佐味田川
長柄
学研北生駒
白庭台
石切
額田
暗峠
生駒山 ▲642
高安山 ▲488
信貴山 ▲437
朝護孫子寺
矢田寺
弘仁寺
神童寺
海住山寺
笠置山 ▲288
若草山 ▲342
春日山 ▲297
高峰山 ▲632
神野山 ▲619
河内堅上
上牧町
室生口大野
三本松
京橋へ
京都へ
伊賀へ
名張へ
天王寺へ

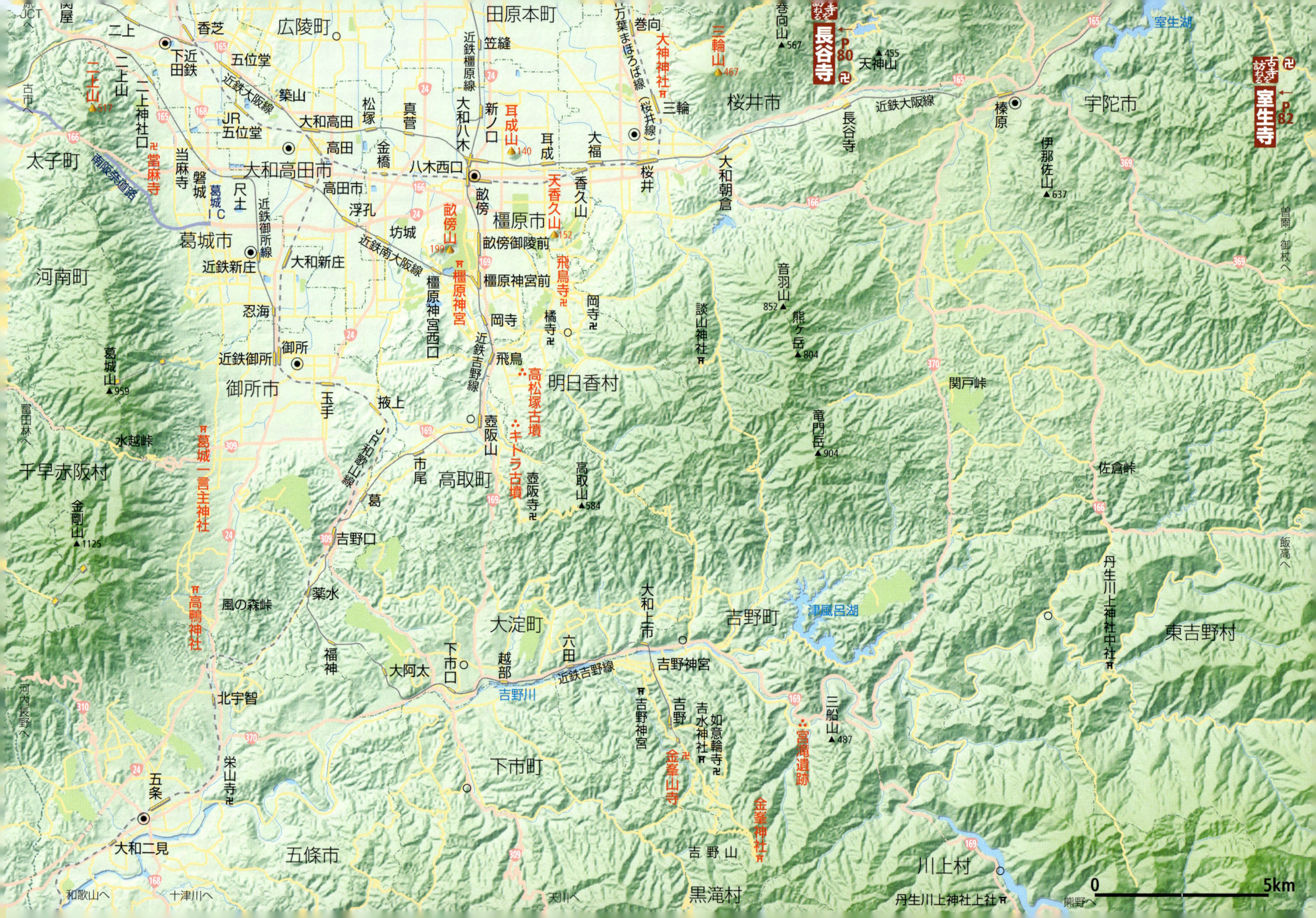

長谷寺
P80
室生寺
P82
二上山
當麻寺
太子町
大和高田市
広陵町
田原本町
桜井市
宇陀市
葛城市
河南町
橿原市
畝傍山
天香久山
耳成山
三輪山
大神神社
橿原神宮
飛鳥寺
高松塚古墳
キトラ古墳
明日香村
御所市
高取町
千早赤阪村
葛城一言主神社
高鴨神社
葛城山
金剛山
大淀町
吉野町
吉野川
津風呂湖
吉野神宮
金峯山寺
金峯神社
吉野山
宮滝遺跡
下市町
五條市
黒滝村
川上村
東吉野村
丹生川上神社中社
丹生川上神社上社
談山神社
竜門岳
音羽山
熊ケ岳
関戸峠
佐倉峠
榛原
近鉄大阪線
近鉄吉野線
近鉄南大阪線
0
5km

奈良 歴史地図帖

目次

春日大社（→ P34）の朱塗りの回廊

奈良県立万葉文化館（→ P68）の館内展示風景

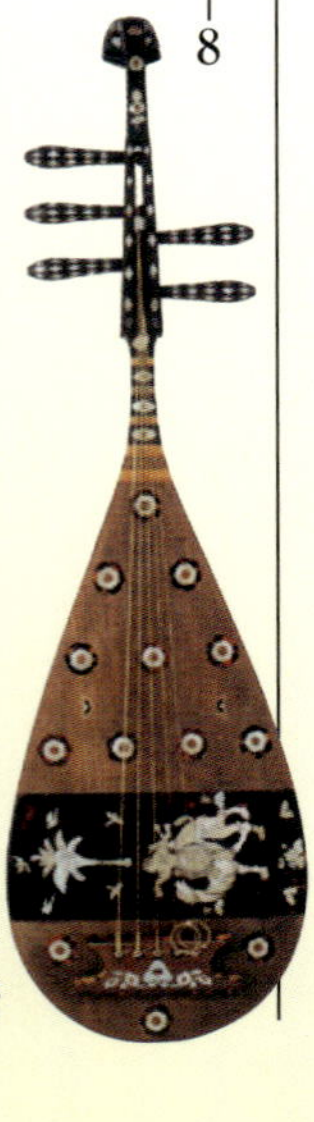

正倉院宝物・螺鈿紫檀五絃琵琶

東大寺二月堂の「修二会（お水取り）」

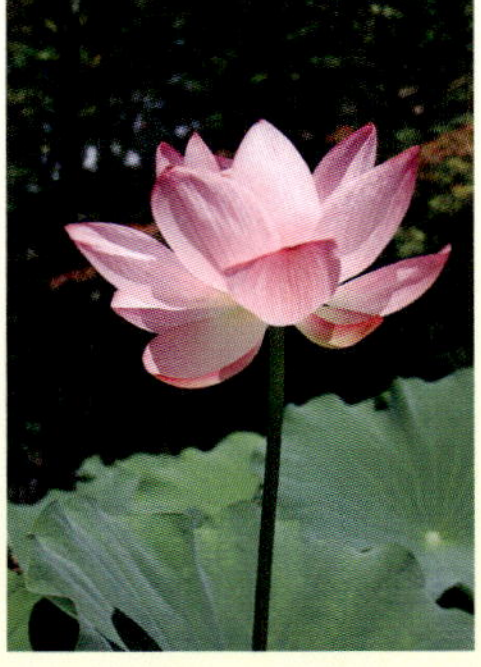

唐招提寺（→P46）のハス

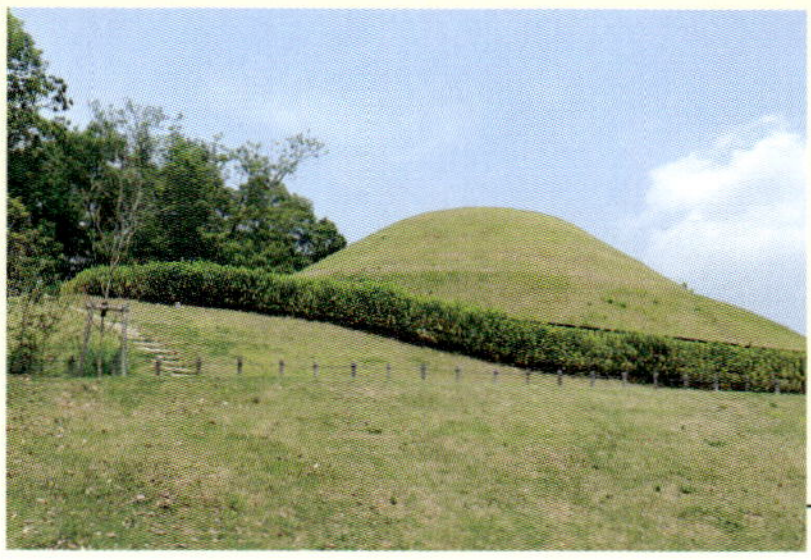

高松塚古墳（→P70）

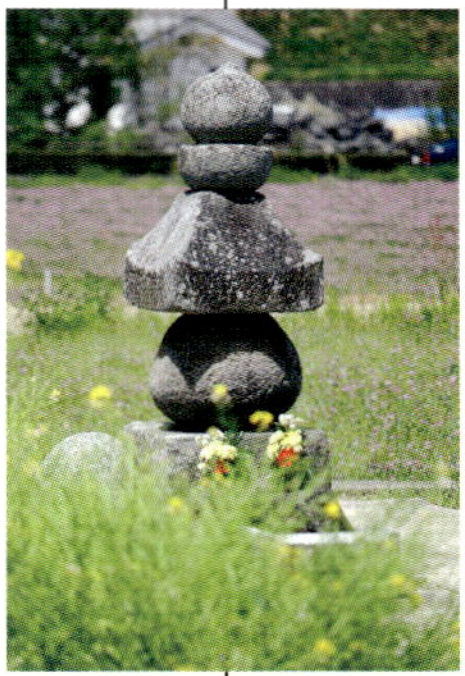

飛鳥寺（→P66）の近くに佇む蘇我入鹿の首塚

飛鳥の亀石（→P68）

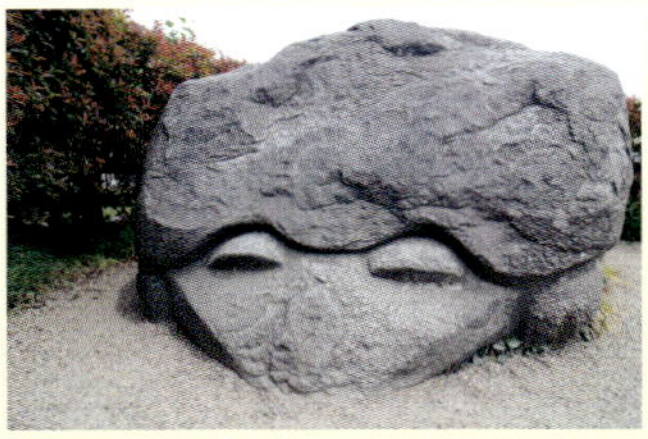

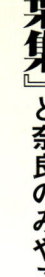

山の辺の道（→ P74）

高天彦神社（→ P91）

長谷寺（→ P80）

「まほろば」とたたえられた大和国

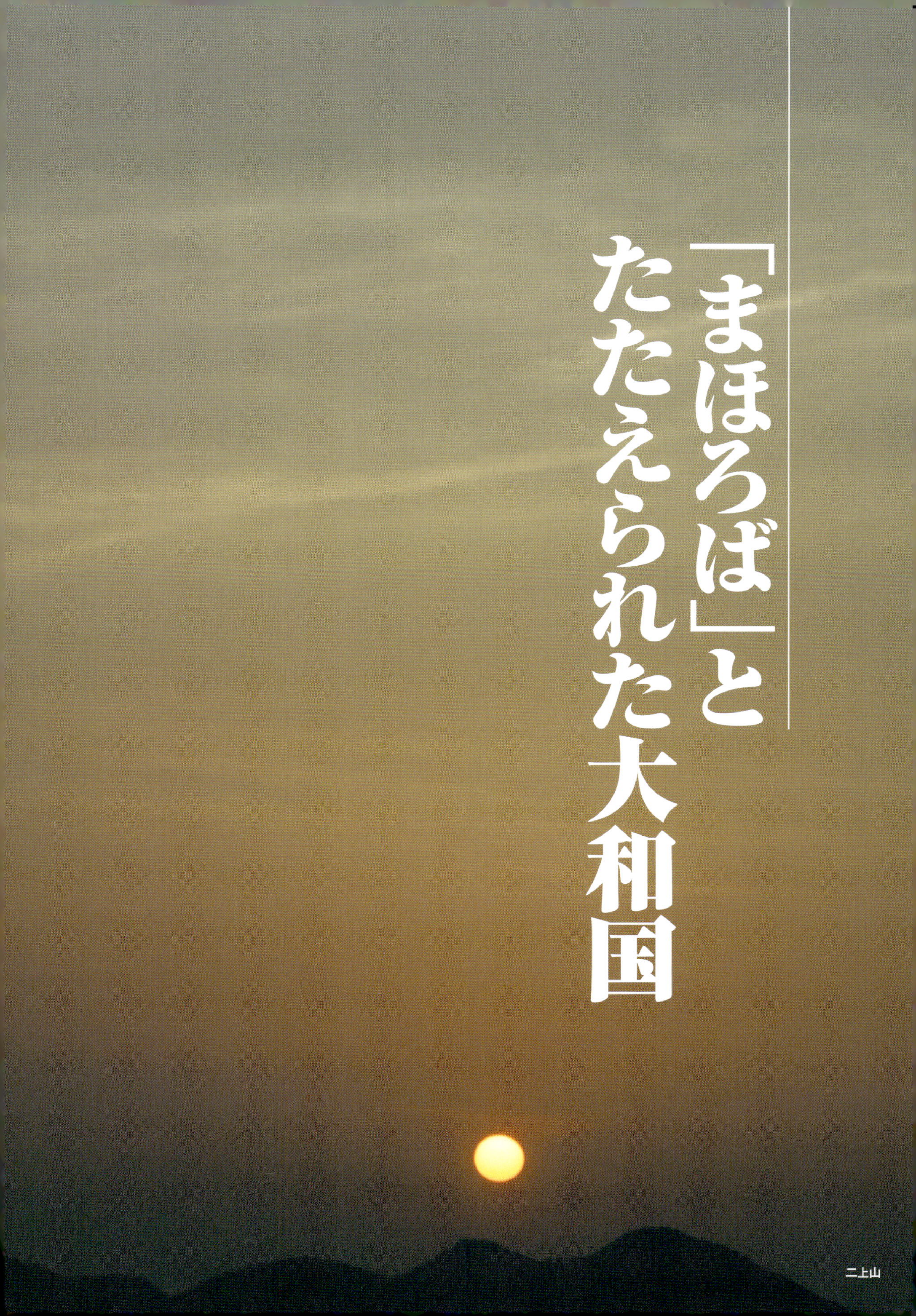

二上山

古代日本の宮都

飛鳥の都から平城京へ

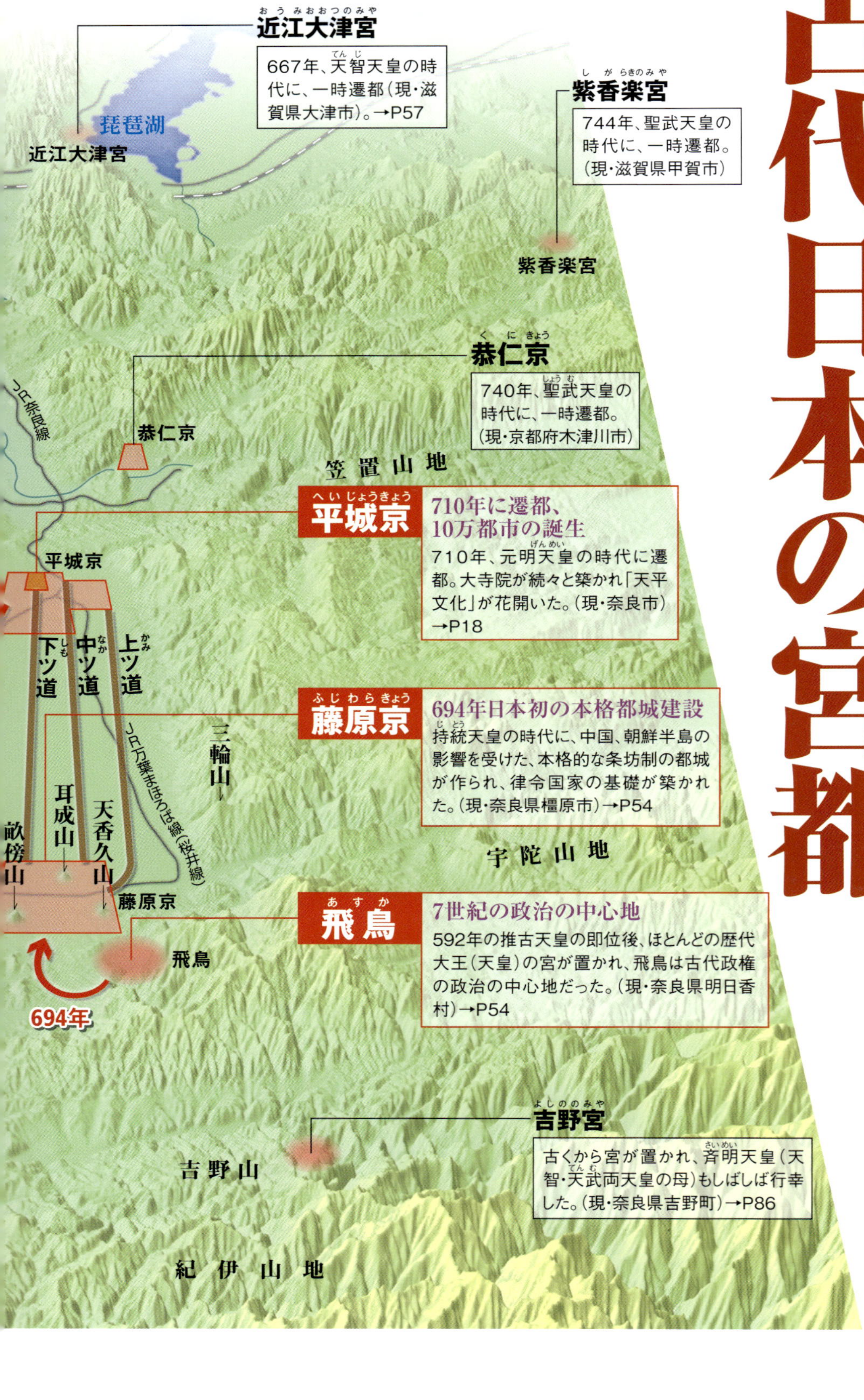

飛鳥・奈良時代以降の宮都の変遷

592~603年	飛鳥 豊浦宮《とゆらのみや》
603~630年	飛鳥 小墾田宮《おはりだのみや》
630~636年	飛鳥 飛鳥岡本宮《あすかおかもとのみや》
636~640年	飛鳥 田中宮《たなかのみや》
640年	飛鳥 厩坂宮《うまやさかのみや》
640~643年	百済宮《くだらのみや》※1
643~645年	飛鳥 飛鳥板蓋宮《あすかいたぶきのみや》
645~655年	難波長柄豊碕宮《なにわながらとよさきのみや》
655年	飛鳥 飛鳥板蓋宮
655~656年	飛鳥 飛鳥川原宮《かわらのみや》
656~667年	飛鳥 後《のちの》飛鳥岡本宮
667~672年	近江大津宮《おうみおおつのみや》
672~694年	飛鳥 飛鳥浄御原宮《きよみはらのみや》
694~710年	藤原京《ふじわらきょう》
710~740年	平城京《へいじょうきょう》
740~744年	恭仁京《くにきょう》
744年	難波宮《なにわのみや》※2
744~745年	紫香楽宮《しがらきのみや》
745~784年	平城京
784~794年	長岡京《ながおかきょう》
794年~	平安京《へいあんきょう》

※1 奈良県北葛城郡広陵町、桜井市など複数の推定地がある
※2 難波京が存在したという説もある

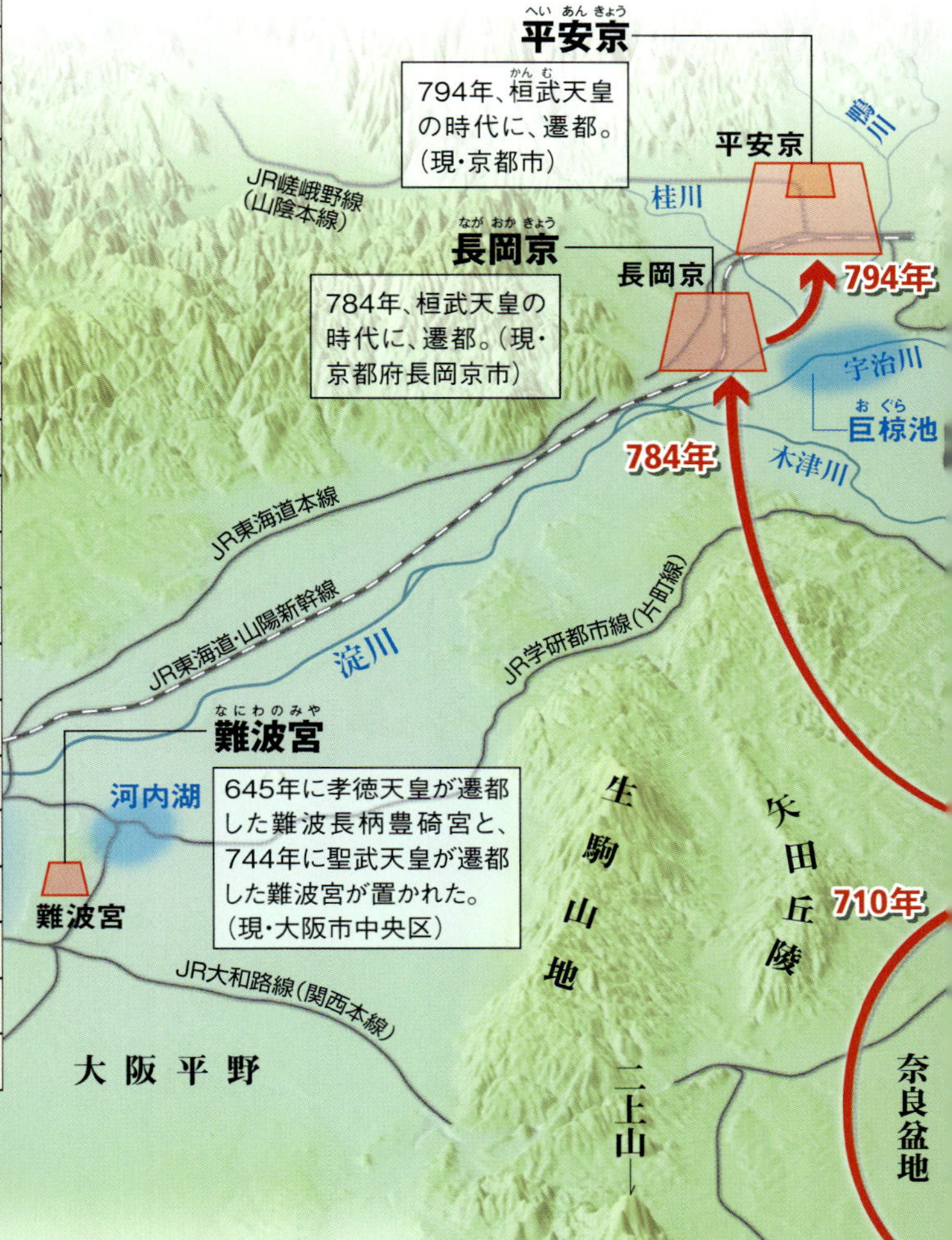

「国のまほろば」（最もすばらしい土地）とたたえられた大和の地。その北部に位置する奈良盆地の南端、飛鳥の地が古代王権の本拠地として確立したのは6世紀末、推古《すいこ》天皇の時代という。以後、約2世紀にわたり、大和の地は日本の中心地となった。前半の約1世紀、小規模な宮都が飛鳥の各地に築かれている。

大化《たいか》の改新後に一時、難波宮《なにわのみや》（大阪府）や近江大津宮《おうみおおつのみや》（滋賀県）に遷都したが、再び飛鳥に戻り、7世紀末の持統《じとう》天皇の時代、飛鳥に隣接する地に日本初の本格的な都城「藤原京」が誕生した。

「あをによし奈良の都」と歌われた平城京の誕生は8世紀初め。藤原京以上に、唐の長安を意識した造営が行なわれた。遷都の理由は、さまざまに考えられているが（→P20）、よりふさわしい場所として求められた新都は、藤原京以後、常に旧都の北に位置している。

平城京、誕生

東大寺・大仏殿

710年（和銅《わどう》3）、元明《げんめい》天皇の時代に築かれた都が平城京である。「平城京」の読みは、「ならのみやこ」であったと考えられている。

「なら」は「寧楽」「乃楽」などの字も当てられるが、意味するところは「平らにならされた地」という。その名の通り、三方を山に囲まれながら南に開けたこの地は、それまでの藤原京よりも都城の条件にかなっていた（→P18）。

南北約5キロメートル、東西約4キロメートル（外京を除く）の整然たる碁盤目状の都市は、それまでの古代宮都の中で、最も長く首都として機能した。

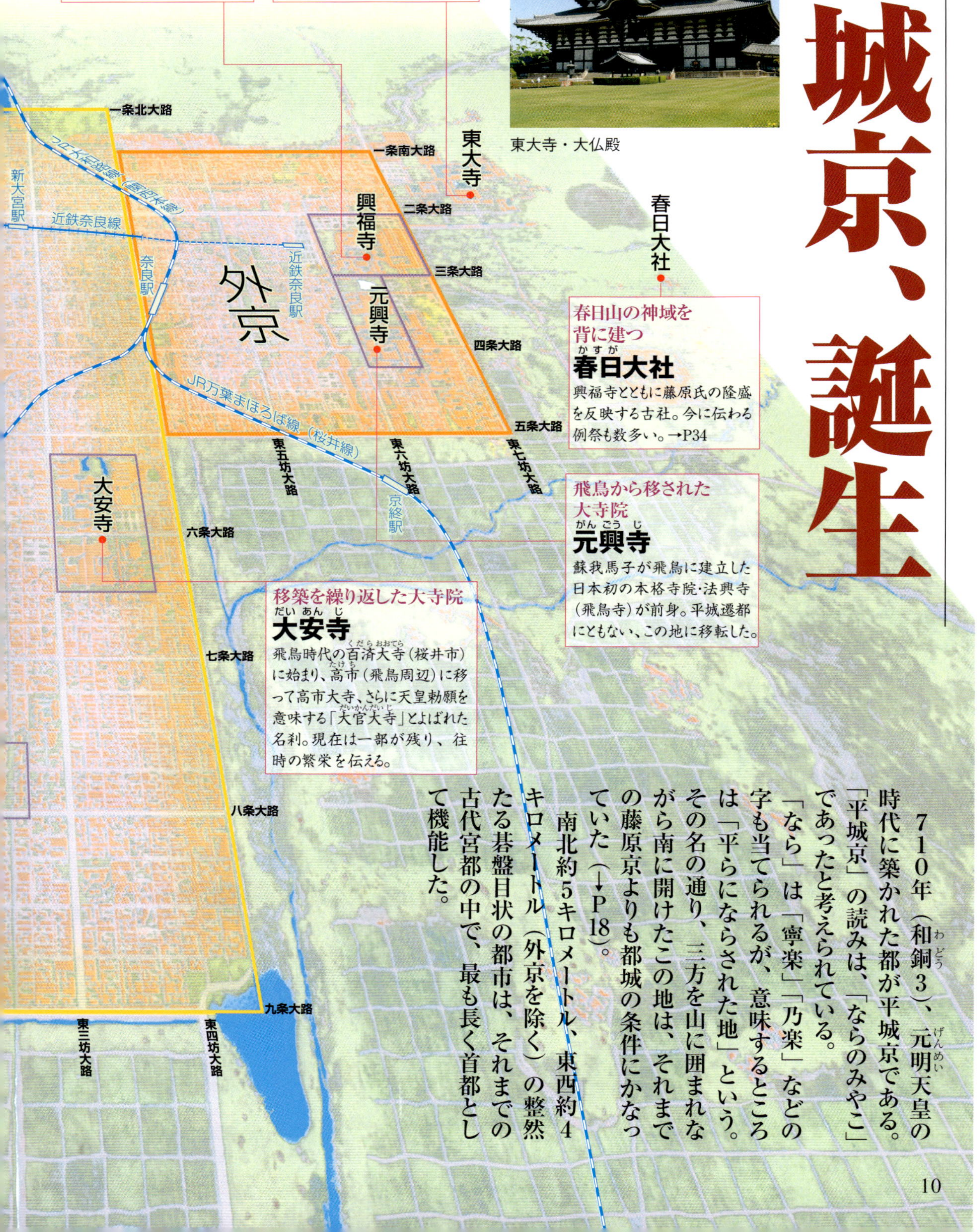

大和一国の主だった
興福寺《こうふくじ》
藤原氏の氏寺として発展、中世まで大和国《やまとのくに》（現・奈良県）を支配した大寺院。→P30

古都奈良のシンボル
東大寺《とうだいじ》
奈良時代を象徴する聖武《しょうむ》天皇ゆかりの名刹で、大仏はあまりにも有名。→P26

春日山の神域を背に建つ
春日大社《かすがたいしゃ》
興福寺とともに藤原氏の隆盛を反映する古社。今に伝わる例祭も数多い。→P34

飛鳥から移された大寺院
元興寺《がんごうじ》
蘇我馬子が飛鳥に建立した日本初の本格寺院・法興寺（飛鳥寺）が前身。平城遷都にともない、この地に移転した。

移築を繰り返した大寺院
大安寺《だいあんじ》
飛鳥時代の百済大寺《くだらおおでら》（桜井市）に始まり、高市《たけち》（飛鳥周辺）に移って高市大寺、さらに天皇勅願を意味する「大官大寺《だいかんだいじ》」とよばれた名刹。現在は一部が残り、往時の繁栄を伝える。

復元された平城宮の正面・朱雀門《すざくもん》

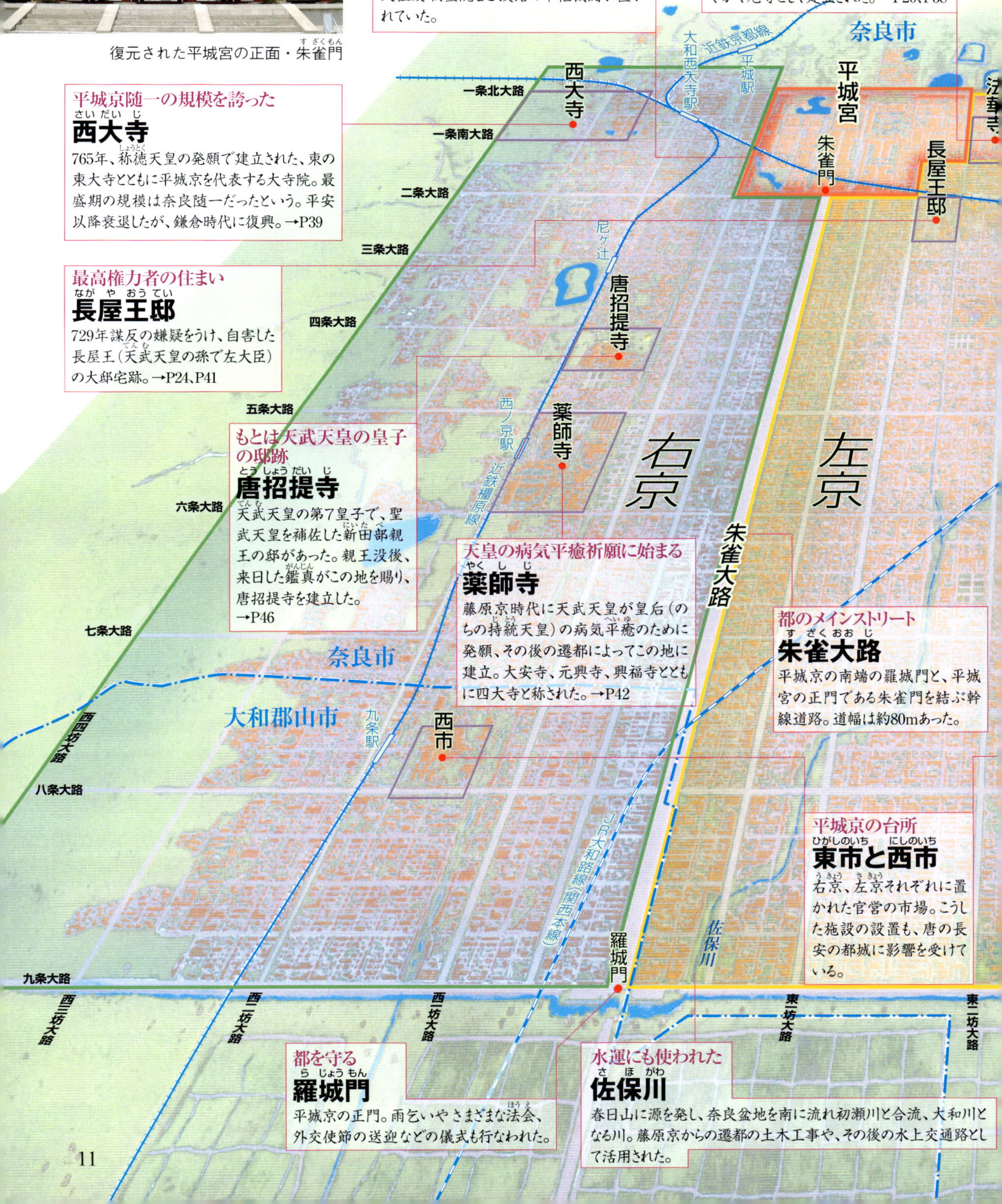

奈良時代の都の中枢
平城宮《へいじょうきゅう》
一辺約1kmの正方形の東に、東西25m、南北75mの張出し部分がついた、平城京の中心部。天皇の住まいである内裏《だいり》のほか、大極殿《だいごくでん》・朝堂院《ちょうどういん》など政治の中枢機関が置かれていた。

藤原不比等の邸跡に建つ
法華寺《ほっけじ》
藤原鎌足《かまたり》の子で、奈良時代初期の権力者・不比等《ふひと》の邸宅があった地。聖武天皇の妃となった娘の光明《こうみょう》皇后に伝わり、やがて尼寺として建立された。→P20、P38

平城京随一の規模を誇った
西大寺《さいだいじ》
765年、称徳《しょうとく》天皇の発願で建立された、東の東大寺とともに平城京を代表する大寺院。最盛期の規模は奈良随一だったという。平安以降衰退したが、鎌倉時代に復興。→P39

最高権力者の住まい
長屋王邸《ながやおうてい》
729年謀反の嫌疑をうけ、自害した長屋王(天武《てんむ》天皇の孫で左大臣)の大邸宅跡。→P24、P41

もとは天武天皇の皇子の邸跡
唐招提寺《とうしょうだいじ》
天武《てんむ》天皇の第7皇子で、聖武天皇を補佐した新田部《にいたべ》親王の邸があった。親王没後、来日した鑑真《がんじん》がこの地を賜り、唐招提寺を建立した。→P46

天皇の病気平癒祈願に始まる
薬師寺《やくしじ》
藤原京時代に天武天皇が皇后(のちの持統《じとう》天皇)の病気平癒《へいゆ》のために発願、その後の遷都によってこの地に建立。大安寺、元興寺、興福寺とともに四大寺と称された。→P42

都のメインストリート
朱雀大路《すざくおおじ》
平城京の南端の羅城門と、平城宮の正門である朱雀門を結ぶ幹線道路。道幅は約80mあった。

平城京の台所
東市《ひがしのいち》と西市《にしのいち》
右京《うきょう》、左京《さきょう》それぞれに置かれた官営の市場。こうした施設の設置も、唐の長安の都城に影響を受けている。

都を守る
羅城門《らじょうもん》
平城京の正門。雨乞いやさまざまな法会《ほうえ》、外交使節の送迎などの儀式も行なわれた。

水運にも使われた
佐保川《さほがわ》
春日山に源を発し、奈良盆地を南に流れ初瀬川と合流、大和川となる川。藤原京からの遷都の土木工事や、その後の水上交通路として活用された。

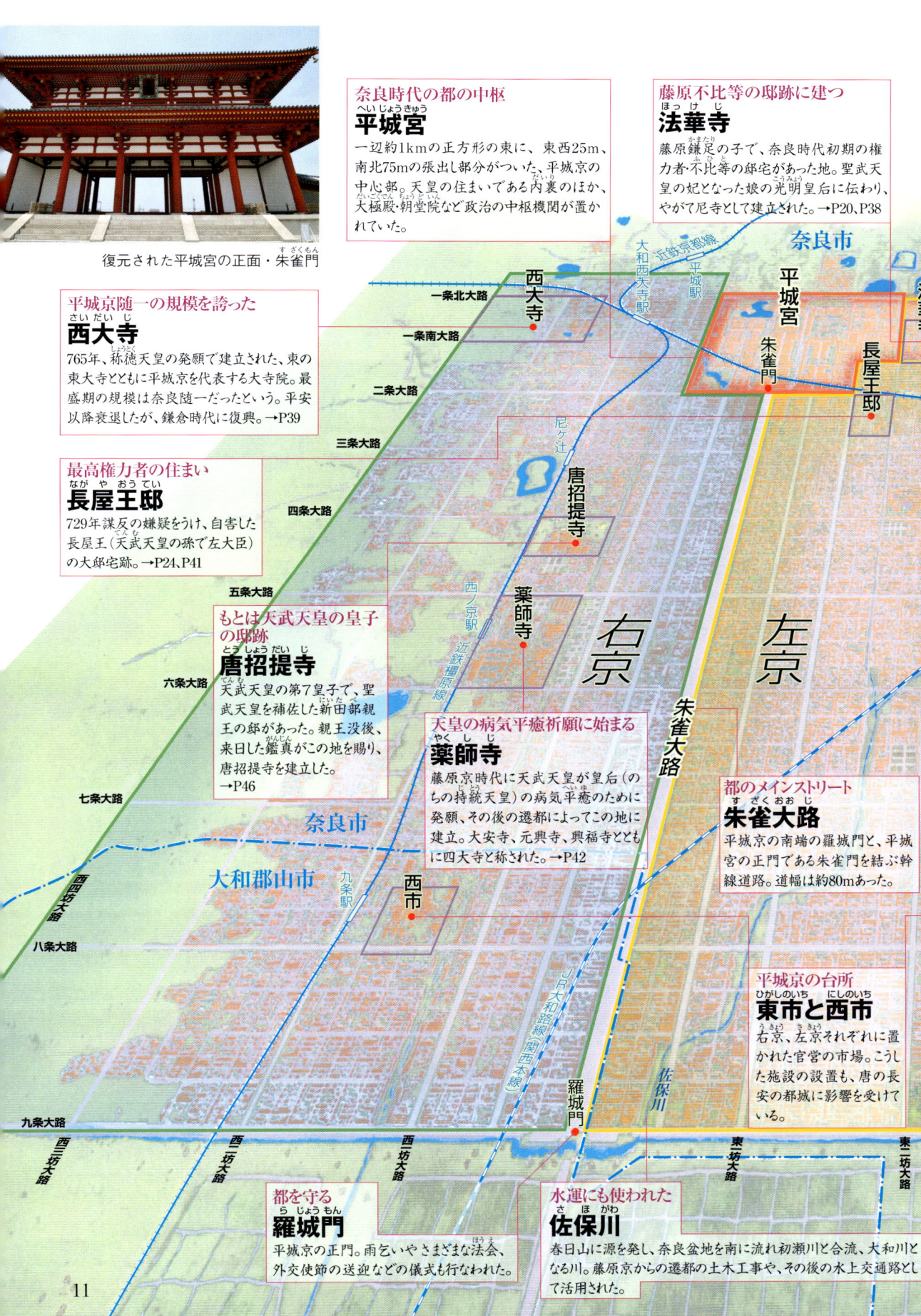

正倉院「正倉」（→ P28）。光明《こうみょう》皇后が東大寺に献納した聖武《しょうむ》天皇の遺愛の品などを納めていた。唐はもとより、ビザンツ帝国や西アジア、インドの文物や、ウマイヤ朝（イスラーム帝国）が滅ぼしたササン朝ペルシャ帝国の影響を伝える宝物も伝わっている。

唐に学び、律令国家を築く

「大和」から「日本」へ

日本列島各地に多くの勢力が勃興した「倭国《わこく》」の時代を経て、4世紀、近畿地方の「ヤマト（大和）」で連合政権が力を伸ばした。5～6世紀、ヤマトの支配は九州から関東に及び、一地方勢力だったヤマト政権は「日本」を担う権力へと発展した。7～8世紀には隋《ずい》・唐の文明に学び、律令とよばれる法体系を採用して確固たる政治制度をつくり上げた。また、6世紀に伝来した仏教は日本固有の文化とあいまって独自の成長を遂げた。その中心が飛鳥《あすか》であり、奈良であった。

唐風に描かれた女性像で知られる「鳥毛立女屏風《とりげりつじょのびょうぶ》」（→ P72）。正倉院宝物。

仏教からヒンドゥー教へ

ヴァルダナ朝インド

仏教は紀元前5～6世紀、ブッダ（釈迦《しゃか》）によって始まりガンジス川沿いに布教された。さまざまな形態をとって各地に伝えられ、中国には紀元前後に西インドから西域経由で伝来。インドでは4世紀に北インドを統一したグプタ朝以降、民間信仰や仏教の一部を吸収したヒンドゥー教が発展した。日本の飛鳥、奈良時代は、7世紀初めにインドの覇者となったヴァルダナ朝の時代にあたり、この時代に唐の玄奘《げんじょう》がインドを訪れている。

日本に大きな影響を与えた

唐の繁栄

618年に建国。日本は663年に朝鮮半島をめぐり対立もしたが（→P56）、たびたび使節を送り、あらゆる分野でその先進文明を取り入れた。7世紀末の藤原京、8世紀初めの平城京の造営は、国際都市だった唐の都・長安に学んでいる。また奈良の正倉院の設立は、8世紀半ばの玄宗《げんそう》皇帝の時代で唐文化の最盛期にあたり、所蔵する西アジアの影響を伝える文物は「大唐帝国」の存在の大きさを物語っている。

「奈良」はシルクロードの終着点だった！

飛鳥・奈良時代は6世紀から8世紀までの約200年。この間、アジアでは唐が大帝国を築き、イスラーム世界が拡大を続けた。この結果、いわゆる「シルクロード」（中国の絹が伝わった道）をはじめとする交通網が広がり、アジア各地の文化と地中海世界や西域の文化が、はるかな時空を超え交流しあったのである。

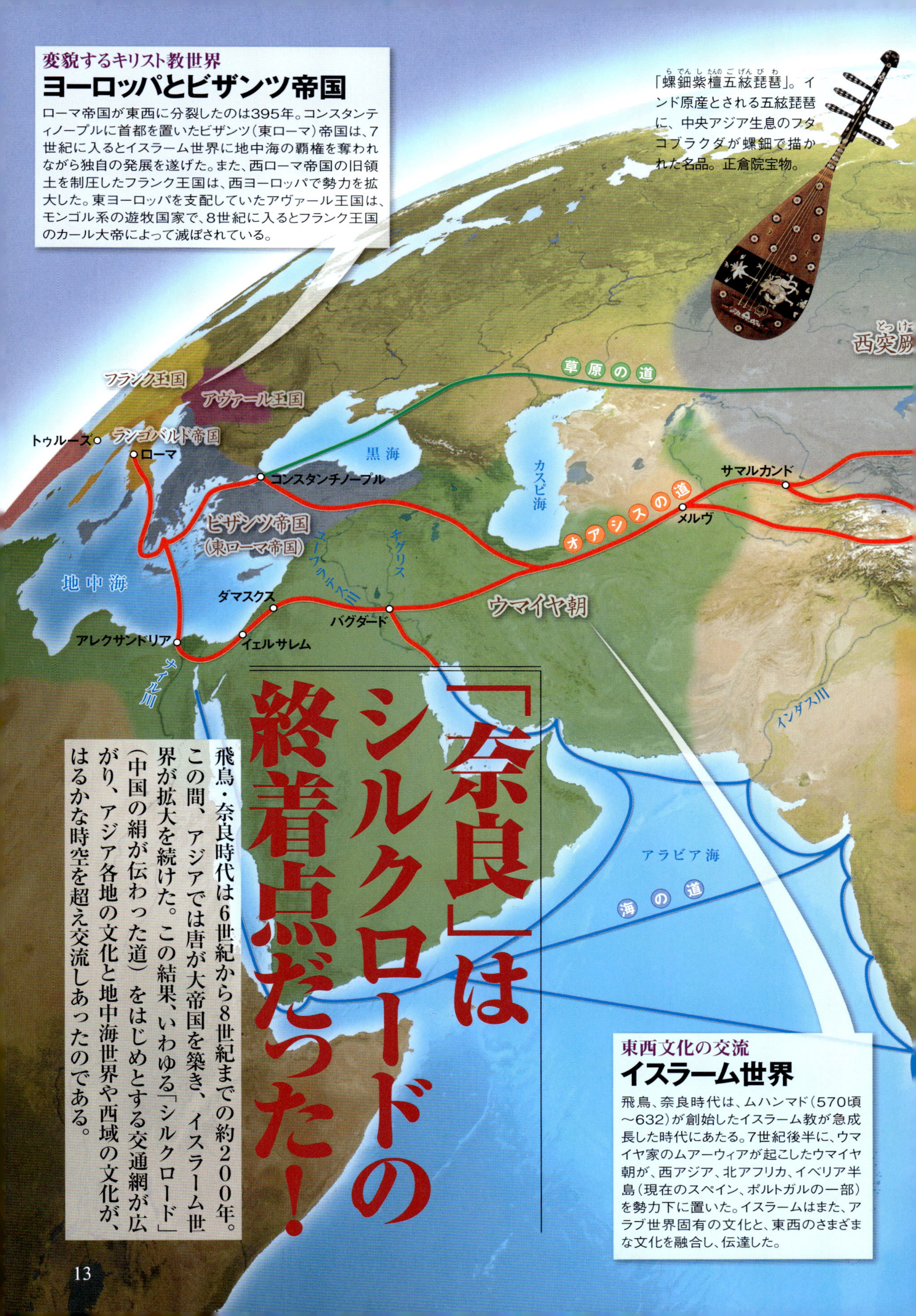

「螺鈿紫檀五絃琵琶《らでんしたんのごげんびわ》」。インド原産とされる五絃琵琶に、中央アジア生息のフタコブラクダが螺鈿で描かれた名品。正倉院宝物。

変貌するキリスト教世界
ヨーロッパとビザンツ帝国

ローマ帝国が東西に分裂したのは395年。コンスタンティノープルに首都を置いたビザンツ（東ローマ）帝国は、7世紀に入るとイスラーム世界に地中海の覇権を奪われながら独自の発展を遂げた。また、西ローマ帝国の旧領土を制圧したフランク王国は、西ヨーロッパで勢力を拡大した。東ヨーロッパを支配していたアヴァール王国は、モンゴル系の遊牧国家で、8世紀に入るとフランク王国のカール大帝によって滅ぼされている。

東西文化の交流
イスラーム世界

飛鳥、奈良時代は、ムハンマド（570頃～632）が創始したイスラーム教が急成長した時代にあたる。7世紀後半に、ウマイヤ家のムアーウィアが起こしたウマイヤ朝が、西アジア、北アフリカ、イベリア半島（現在のスペイン、ポルトガルの一部）を勢力下に置いた。イスラームはまた、アラブ世界固有の文化と、東西のさまざまな文化を融合し、伝達した。

仏教文化の花開いた地

仏教美術の宝庫、奈良

6世紀、仏教が伝来し、はじめて見る仏像の輝きに人々は驚嘆した。やがて、造像技術が伝わり、模倣にとどまらない、独自の美意識に基づいた仏像が次々と造られた。魅力あふれる仏像が、いまも奈良の地に数多く残されている。

光明皇后を写したと伝えられる

法華寺《ほっけじ》

十一面観音立像《じゅういちめんかんのんりゅうぞう》（国宝）

平安時代初期

肉感的ながら霊性を具《そな》える願貌《がんぼう》、均衡のとれた立ち姿、風になびく天衣《てんね》や毛髪の表現など、平安初期の名品。右足を一歩踏み出しているのは、衆生を救うためという。

あでやかな天女像

秋篠寺《あきしのでら》

伎芸天立像《ぎげいてんりゅうぞう》（重文）

頭部は奈良時代

伎芸をつかさどる天女といわれるが、確証はない。頭部は奈良時代の脱活乾漆《だつかつかんしつ》*造り、体部は鎌倉時代の木彫による補作だが、よく馴染んでいる。像高は約205センチ。

「奈良の大仏さま」

東大寺《とうだいじ》

盧舎那仏坐像《るしゃなぶつざぞう》（国宝）

奈良時代

聖武《しょうむ》天皇の詔《みことのり》で造立。当初は全身に鍍金《ときん》が施され、黄金に輝いていた。「盧舎那仏」とは、万物をあまねく照らす宇宙の根本仏と「華厳経《けごんきょう》」にある。像高1473センチ。

仏を守護する鬼神

興福寺《こうふくじ》

阿修羅像《あしゅらぞう》（国宝）

奈良時代

釈迦《しゃか》に教化《きょうげ》された古代インドの神、八部衆《はちぶしゅう》像《ぞう》のひとつである。3つの顔と6本の腕をもつ異形の姿ながら、若く凛々《りり》しい面立ちに憂いを帯びた表情。天平《てんぴょう》彫刻の傑作である。

＊**脱活乾漆造り**　造像技法のひとつで、軽く堅牢なつくりが特徴。芯になる塑像に漆で麻布を幾重にも貼り重ね、乾いたのち、塑像を掻き出し空洞に木組みを入れる。外側は漆に植物繊維を混ぜたもので細部を仕上げる。

愛染堂の秘仏

西大寺《さいだいじ》

愛染明王坐像《あいぜんみょうおうざぞう》（重文）

鎌倉時代

西大寺中興の祖、叡尊《えいそん》を願主とし、仏師善円《ぜんえん》が制作した。蓮華座《れんげざ》上に結跏趺坐《けっかふざ》した三目六臂《さんもくろっぴ》の姿で表される愛染明王は、人間の愛欲をそのまま悟りへと導くという。

日本最古の肖像彫刻

唐招提寺《とうしょうだいじ》

鑑真和上坐像《がんじんわじょうざぞう》（国宝）

奈良時代

鑑真の死期が近いことを悟った弟子、忍基《にんき》が造ったと伝わる。静謐《せいひつ》さを漂わせつつ、睫《まつげ》や肋骨《ろっこつ》など、細部にいたるまで師を忠実に写し取ろうという忍基の気迫が感じられる。

創建以来の輝かしさ

薬師寺《やくしじ》

聖観世音菩薩立像《しょうかんぜおんぼさつりゅうぞう》（国宝）

飛鳥時代

東院堂の本尊で、清澄なまなざしと均整のとれた美しい体躯が印象的。「聖観世音菩薩」とは、さまざまな姿をとる観音のなかでも変化しない基本的な姿のものをいう。

秘仏のなかの秘仏

法隆寺《ほうりゅうじ》

救世観音立像《くせかんのんりゅうぞう》（国宝）

飛鳥時代

聖徳太子の等身像と伝えられ、明治に厨子《ずし》が開けられるまで、夢殿の本尊として800年以上秘仏であった。手に持つ宝珠は、釈迦の教えを象徴する。像高178・8センチ。

国宝四大絵巻のひとつ

朝護孫子寺《ちょうごそんしじ》

「信貴山縁起絵巻《しぎさんえんぎえまき》」（国宝）

平安時代後期

信貴山に毘沙門天をまつった僧、命連《みょうれん》に関する3つの説話を描いている。躍動感にあふれた人物描写や、劇的な表現も使われた平安時代後期の代表的絵巻だ。

飛鳥・白鳳・天平の仏たち

素朴で力強い 飛鳥時代の仏像

釈迦如来坐像（飛鳥大仏）

日本最初の大寺院飛鳥寺《あすかでら》（6世紀末創建）は、聖徳太子《しょうとくたいし》と蘇我馬子《そがのうまこ》が、物部守屋《もののべのもりや》討伐の際に、戦勝を祈願したことに由来するといわれる。

創建からおよそ10年して、金堂に安置するため、丈六《じょうろく》の金銅仏・**釈迦如来坐像**（**飛鳥大仏**）が鞍作鳥《くらつくりのとり》（止《と》利《り》）を中心として制作された。止利は渡来系の司馬《しば》氏出身で、鞍作りとして金属や漆など、総合的な素材の扱いに長《た》けていたため、仏師となったのである。

すでに多くの仏像が、6世紀前半から百済《くだら》など渡来系の人々によってもたらされており、日本における仏像制作は、それらを手本として始められた。

止利の制作した仏像は、しっかりと力強い造形で、面長の頭部に弓なりの眉《まゆ》、アーモンド形の目と微笑をたたえた口元を特徴とする。また、正面からの鑑賞が重んじられたため、衣文《えもん》は左右対称で、側面が薄く、背面は簡略化されたものが多かった。こうした薄く平板につくられた仏像は、「大化《たいか》の改新」（645年）を経て白鳳《はくほう》時代に入り、少しずつ立体的になり、丸みを帯びてゆくのである。

おおらかな古典美をたたえた 白鳳時代の仏像

およそ「大化の改新」の時代から平城京遷都（710年）までを、美術史では「白鳳時代」という（この時代を設けない見解もある）。

隋《ずい》や唐《とう》の様式が流入し、身体表現はしなやかに、体躯《たいく》も丸みをもち、厳格に左右対称を守っていた衣文も流麗さを帯びて、おおらかな古典美をもつ像がつくられた。

旧山田寺の仏頭

特に有名なものは法隆寺《ほうりゅうじ》の**夢違観《ゆめちがいかん》音立像《のんりゅうぞう》**（国宝）や、薬師寺の**聖観世《しょうかんぜ》音菩薩立像《おんぼさつりゅうぞう》**（国宝）だろう。

またこの頃、「丈六仏《じょうろくぶつ》」が一般化しはじめる。丈六とは、経典に仏陀《ぶっだ》の身長が1丈6尺（約4・8メートル）あったと説かれていることに由来している（坐像の場合はこの半分の高さ）。仏教が、国策に沿って全国に普及し、寺院規模も拡大するにつれ、多く制作されるようになった。

山田寺仏頭（国宝）は、685年（天武《てんむ》14）に開眼供養《かいげんくよう》され、現在、興福寺に伝えられている。若々しく弾力的な肉付きの頬《ほお》、眉や目の切れ味のよいライン、全体に明快でおおらかな造形が特徴である。

現在まで伝わるものでは、先述の山田寺の仏頭や、當麻寺《たいまでら》の**弥勒仏坐像《みろくぶつざぞう》**（国宝）がよく知られている。

円熟した美意識が生み出した 天平時代の仏像

710年（和銅《わどう》3）の平城京遷都にともない、薬師寺《やくしじ》、元興寺《がんごうじ》（飛鳥寺）、興福寺《こうふくじ》（厩坂寺《うまやさかでら》）などが飛鳥や藤原京から平城京に移った。新都には東《とう》大寺《だいじ》や唐招提寺《とうしょうだいじ》などが造営され、新たな仏像もつくられていった。

仏教は多くの人々の精神的支柱となり、寺院建立と造仏は国家事業に成長した。様式も技術も円熟期を迎え、写実的で優美な仏の姿が威厳をもって表現された。702年（大宝《たいほう》2）、数十年ぶりに復活した遣唐使が、ちょうど遷都前後に唐から豊かな文物をもたらしたことも、天平《てんぴょう》美術が花開く要因だっただろう。

がっしりとしたからだつきの東大寺の**不空羂索観音立像《ふくうけんさくかんのんりゅうぞう》**（国宝）や、興福寺の**阿修羅像《あしゅらぞう》**（国宝）の憂いを帯びた微妙な表情などは、現代においても人気が高い。

特筆すべきは、752年（天平勝宝《てんぴょうしょうほう》4）に開眼供養が営まれた**東大寺の大仏**建立である。この一大事業が成し遂げられる過程で、造像の技術と表現は、飛躍的に発展したのである。

花開く平城京

平城宮跡／第一次大極殿（復元）

唐の都、長安に学んだ
奈良の都、平城京

若草山《わかくさやま》と春日山《かすがやま》

平城京の東に連なる象徴的な山々。若草山は古来、南側にある春日山（御蓋山《みかさやま》）と混同された。阿倍仲麻呂《あべのなかまろ》の歌「天の原ふりさけ見れば春日なる三笠の山に出でし月かも」は、若草山（三笠山）のこと。今日、広義の「春日山」は背後の山々を含み、一帯は世界遺産に登録された原始林である。

青龍《せいりゅう》

清い流れの象徴で、東を守る。平城京ではこの一帯に人工的な河川を掘削して、「青龍」に見立てたといわれる。

朱雀《すざく》

南の守り神で、川が注ぎ込む場所が求められた。今も残る五徳池がそれにあたるという。

日本初の本格的な都城「藤原京」（↓P54）建設から十余年、再び都が移された。元明《げんめい》天皇は、「平城《なら》の地、四禽《しきん》、図《と》に叶い、三山鎮《さんざんしずめ》を作《な》し、亀筮《きぜい》ならび従う」と詔《みことのり》で表明した。中国の都城建設の条件である「四神相応《ししんそうおう》」、つまり東西南北の守護神に守られ、山々に囲まれた（春日《かすが》山、平城《なら》山、矢田丘陵を指すともいう）、縁起の良い立地と宣言したのである。

律令による諸制度が整備され、唐を模した宮殿や大寺院が甍《いらか》を連ねた都、平城京が築かれた。やがて人口10万にも達したこの都の時代約70年が、奈良時代である（↓P40）。

平城宮《へいじょうきゅう》

平城京の中枢。一辺約1kmの正方形で、東に張出し部分がついていた。→P11

玄武《げんぶ》

亀と蛇の化身で北の守り神。平城山《ならやま》がそれにあたる。

白虎《びゃっこ》

西の守り神で、都にこもった邪気を逃す道を指した。難波へと続く道がこれにあたる。

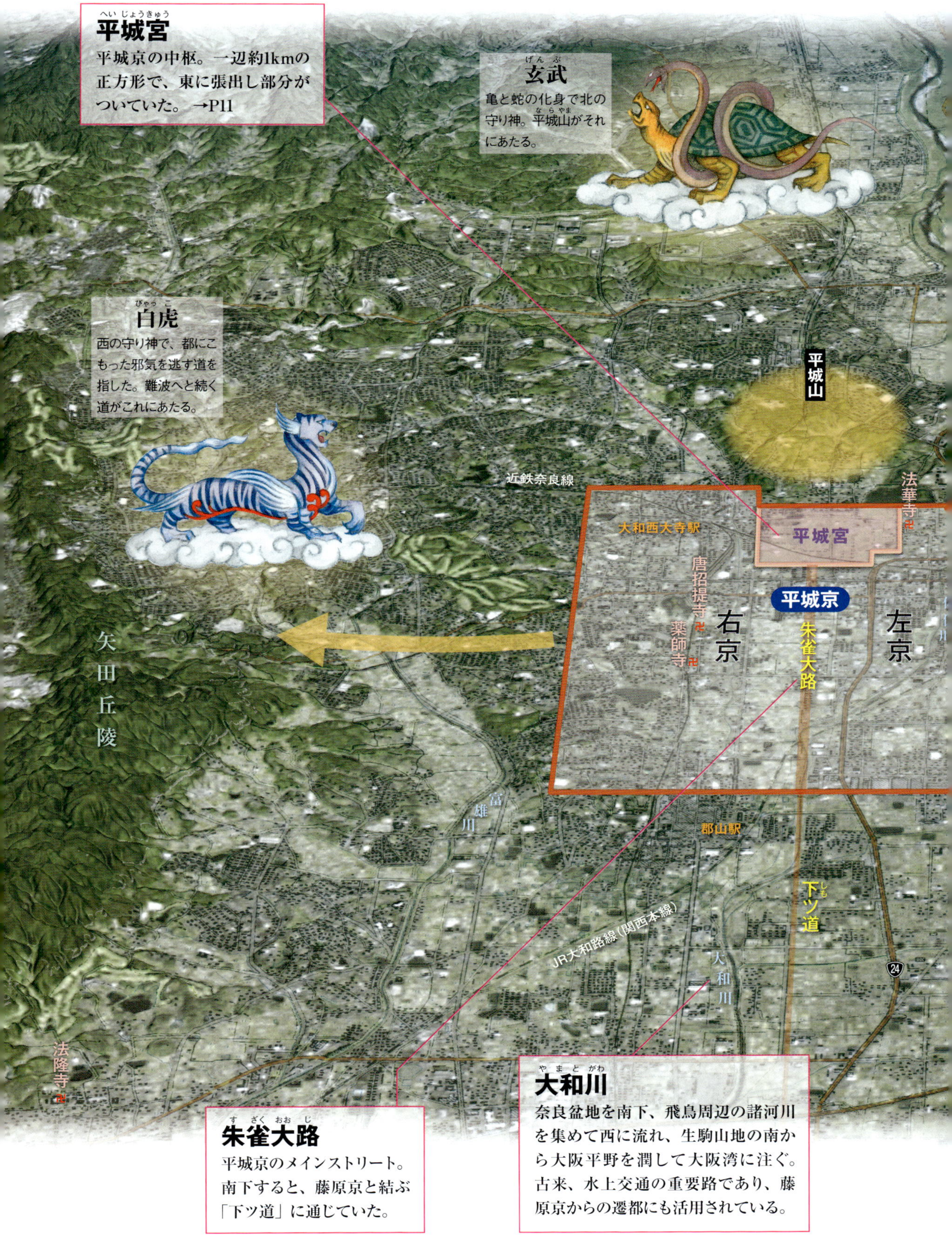

朱雀大路《すざくおおじ》

平城京のメインストリート。南下すると、藤原京と結ぶ「下ツ道」に通じていた。

大和川《やまとがわ》

奈良盆地を南下、飛鳥周辺の諸河川を集めて西に流れ、生駒山地の南から大阪平野を潤して大阪湾に注ぐ。古来、水上交通の重要路であり、藤原京からの遷都にも活用されている。

708年（和銅元）

遷都の詔出される。実は、天皇の意志ではなかった（？）平城京への遷都

707年（慶雲《けいうん》4）文武《もんむ》天皇が亡くなり、その母の元明天皇が即位すると、にわかに浮上したのが遷都のことだった。

もともと、日本では、藤原京（694〜710）以前には「京《みやこ》」というものは存在せず、天皇のすまいと政治の中枢部のある「宮《みや》」があるだけで、天皇の代替わりごとに新たな宮が営まれていたのである。これを「**歴代遷宮**《れきだいせんぐう》」という。

天皇の代替わりごとに宮を移した理由として、①宮殿の耐用年数、②前天皇の死による宮の穢《けが》れを避けるため、などが考えられるが、その伝統が崩れたのが、持統《じとう》・文武2代の都となった藤原京であった。とはいえ、歴代に遷宮の伝統への配慮もあり、文武天皇在世時から遷都について論議されていたわけである。

そして、708年（和銅元）元明天皇は遷都の詔《みことのり》を出した。そのなかで、「今、急いで都を移す必要はないが…王臣《おうしん》らが都を営むことの大事さをいうので、その衆議に従う」のだと述べている。つまり天皇の意志ではない遷都であることが、暗に示されているのである。

では遷都を推進したのは誰か。ほかでもない。**藤原不比等**《ふひと》と彼を支える政治勢力だ。不比等の娘の宮子《みやこ》と先帝文武との間には首皇子《おびと》（のちの聖武《しょうむ》天皇）が生まれており、遷都の詔が出た翌月、不比等は右大臣に昇った。

藤原氏繁栄の基礎を築いた藤原不比等。父は鎌足

平城京誕生秘話あれこれ

710年（和銅《わどう》3）元明《げんめい》天皇は、奈良盆地北端の「平城《なら》」の地に新都を造営し、遷都《せんと》を行なった。近年の発掘調査によると大極殿《だいごくでん》や朱雀門《すざくもん》などは想像を超える巨大さで、造営に関わった労働者数はのべ100万人以上。こうした莫大なエネルギーを集中投入して、平城京は建設されたのである。

新都の超一等地に居を構えた藤原不比等

持統・文武・元明と3代の天皇に仕え、朝廷で絶大な力をもった藤原不比等が、最大にして生涯最後の事業として取り組んだのが平城京遷都だ。これこそ、彼がひそかに狙《ねら》っていたことにちがいない。その証拠に、彼は、平城遷都とともに自らの邸宅を平城宮の東に隣接する一等地（のちの法華寺《ほっけじ》の地）に建て、また春日の景勝地を選んで藤原氏の氏寺《うじでら》・興《こう》福寺《ふくじ》を建立している。

しかし、見方を変えれば、彼が中心となって進めてきた律令国家の建設は、701年の大宝律令《たいほうりつりょう》の発布によって確固たるものとなり、その舞台装置として、手垢《てあか》のついていない新しい都が必要だったともいえる。

不比等邸跡に光明皇后が建てた法華寺。奈良時代、総国分尼寺《そうこくぶんにじ》として諸国の国分尼寺を総括した

地理的にみても、平城《なら》山の背後にある木津《きづ》川は淀《よど》川を経て大阪湾や瀬戸内海へ通じている。また宇治《うじ》川を経て琵琶湖とも結ばれており、水上交通路の機能性はきわめてすぐれている。藤原京とは比較にならない地の利の良さ。結局これが、王臣をはじめ、天皇に平城遷都を踏み切らせた最大の理由だったのだろう。

710年（和銅3）

夜を日に継ぐ突貫工事により、わずか1年半で遷都決行

平城京の造営工事は、急ピッチで進められた。着工してから、わずか1年半で平城遷都が決行されている。『万葉集』巻一（78）の歌、

飛ぶ鳥の
明日香《あすか》の里を置きて去《い》なば
君があたりは
見えずかもあらむ

これは、元明天皇が平城遷都に際し、藤原京から中《なか》ツ道《みち》を北上する途中の長屋原《ながやのはら》（天理市西井戸堂付近）に輿《こし》を止めて詠《よ》んだ歌だという。明日香（飛鳥《あすか》）の古京を捨てて行ったら、愛しい君のいる辺りは見えなくなりはしまいか、と歌っている。愛しい君とは、亡き夫、草壁《くさかべ》皇子だろうか。元明にとっては、未練の残る遷都だったにちがいない。

さて遷都の時点で、道路や主要な建物はできていたが、遷都後も、都の造営は続いた。それにしても、これほどの短期間で遷都できたのは、建物の多くが藤原京からの移築だったからだ。宮殿や役所ばかりでなく、主だった官人の邸宅も解体して平城京に運ばれた。藤原京は16年しか続かなかったので、ほとんどの建物は移築可能な新しい建物だったのだ。

特別史跡として保存されている藤原宮跡。藤原京は日本初の本格的な都城として、平城京遷都まで16年間続き、約1キロメートル四方の藤原宮には大極殿などがあった

見掛け倒しの羅城で

外国使節をお出迎え

平城京の中心を南北に走るメインストリート、朱雀大路《すざくおおじ》の南端には羅《ら》城門《じょうもん》があった。ここは京への入り口である。

羅城門という名は、中国の都城の周りを囲んだ城壁「羅城」に由来する。近年の発掘調査により、都の南端の九条大路南側（大和郡山市《やまとこおりやまし》）に、羅城跡の一部が見つかっている。

さて平城京がモデルとした古代中国の都は堅固な土壁でできた高さ10メートル以上の羅城で囲まれていたらしいが、日本の平城京の羅城は、柱跡の太さから見ても、せいぜい高さ2～3メートルの簡易な瓦葺《かわらぶ》きの板塀《いたべい》だった可能性が高い。

しかもその羅城跡は羅城門を中心に左右500メートル、総延長1キロメートルほどで途切れており、東西方向に4・3キロメートルあった南側のうち4分の1しか羅城がなかったことになる。これは外敵を防ぐのが目的というより、外交使節に見せるために築いた簡易版「羅城もどき」とみてよさそうだ。

平城京の枕詞となっている「青丹《あおに》よし（青い甍《いらか》に丹塗りの柱が映える）」建物も、朱雀門《すざくもん》や朝堂院《ちょうどういん》などの主要な建物や有力寺院など、ごく限られた所だけだったといわれる。

見えるところだけ立派にして、外国からの使節に、中国の都城に負けず劣らずの立派な都城であることを見せようとした。当時の日本の精一杯、背のびをした姿が目に見えるようである。

造都のためなら前方後円墳も円墳に改変

おもしろいのは「平城京造営の際に墳墓《ふんぼ》を暴いてしまったら、遺骸《いがい》をきちんと埋葬してまつるように」と詔を出していることだ。

たとえば、平城京の北に接する市庭《いちにわ》古墳（→P85）は、もとは前方後円墳《ぜんぽうこうえんふん》だったが、宮の造営にともなって前方部が削られ、円墳のようになってしまったものである。ほかにも削られて跡形もなくなった前方後円墳跡（神明野《しめの》古墳）が大極殿の下から発掘されており、前述の詔が裏付けられる。

このように、平城京造営は、この国がかつて経験したことのないほど大規模な土木工事だったのである。

平城京周辺地図

奈良公園と外京

奈良観光の中核となっている奈良公園は、かつての都、平城京の東部に突き出た「外《げ》京《きょう》」に連なる一帯。若草山、春日山の豊かな自然と有名寺社が一体となり、魅力あふれる地域だ。

仏教興隆に尽くした天皇の墓所
聖武天皇陵
（しょうむてんのうりょう）

佐保《さほ》山南陵《やまみなみりょう》とも称される。天皇陵の東には、光明《こうみょう》皇后の墓所、仁正皇后陵《にんしょうこうごうりょう》（佐保山東陵）がある。

シルクロードの終着点
正倉院（しょうそういん）

東大寺の宝庫として、奈良時代に建てられた。国際色豊かな数々の宝物を伝える。→P12

1月の山焼きで有名な
若草山[三笠山]
（わかくさやま・みかさやま）

芝草に覆われるなだらかな山。菅笠《すげがさ》形の3つの山が重なっているような姿から「三笠山」ともよばれる。

原始林が今も広がる
春日山[御蓋山]
（かすがやま・みかさやま）

一帯は神域として樹木の伐採が許されなかったため、鬱蒼《うっそう》とした森林が古代の姿をとどめ、世界遺産にも登録されている。

東大寺の大仏

古都奈良のシンボル
東大寺（とうだいじ）

大仏で名高い大寺院。→P26

春日山の神域を背に建つ
春日大社（かすがたいしゃ）

藤原氏の氏神。→P34

十二神将立像で知られる
新薬師寺（しんやくしじ）

747年に、光明皇后が聖武《しょうむ》天皇の眼病平癒を祈願して建立した名刹である。→P44

新薬師寺の本堂

奈良公園の鹿

奈良時代の皇居跡
平城宮跡（へいじょうきゅうせき）
平城京の中心地。→P38

興福寺の五重塔

大和一国の主だった
興福寺（こうふくじ）
国宝・重文指定の所蔵品は数知れず。→P30

東に発展した
平城京外京
（へいじょうきょうげきょう）

平城宮を中心に、西が右京、東が左京。左京のさらに東が外京。外京は現在のJR奈良駅以東の地で、時代が下るにつれ、この一帯が奈良の中心地となった。

『万葉集』にも歌われた
佐保川（さほがわ）
今は水量が少なくなったが、かつては平城宮を貫く重要河川で、都びとの生活に最も密着した水流だった。

南都七大寺に数えられた
元興寺（がんごうじ）
奈良時代には南都七大寺の一つとして広大な寺域と伽藍を有した大寺だった。国宝の極楽堂（本堂）・禅室の屋根瓦の一部には、飛鳥から運ばれてきた日本最古の瓦が今も残る。

元興寺の極楽堂（本堂）

聖武天皇の苦難

「青丹《あおに》よし」とうたわれた平城京で即位した聖武《しょうむ》天皇は、相次ぐ政変や天災に見舞われ続けた。遷都を繰り返すなか、不安定な情勢を鎮護国家の思想で安定に導こうと決意。聖武天皇は国家事業として大仏建立を発願するまでの足取りを追う。

724年（神亀元）

2代の中継ぎを経て聖武天皇24歳で即位

まだ都が藤原京にあった707年、文武天皇が亡くなったあと、皇位に就いたのは、母の**元明天皇**《げんめいてんのう》だった。子から母へという、異例の皇位継承をあえて元明天皇が選んだのは、孫の**首皇子**《おびと》（のちの**聖武天皇**《しょうむ》）に皇位を伝えたかったからだ。

9年後、平城遷都などの大事業をこなした元明天皇は、娘の氷高《ひだか》内親王（元正《げんしょう》天皇）に皇位を譲り、15歳の首皇子を皇太子の地位に就けた。

平城宮跡・第一次大極殿内には、復元された高御座《たかみくら》がある

しかし、720年に**藤原不比等**《ふひと》が、翌年には元明太上《だいじょう》天皇と、2人の権力者が相次いで没すると、国内は動揺する。反乱に備えて厳戒態勢がしかれ、愛発《あらち》（福井県敦賀市）・不破《ふわ》（岐阜県関ヶ原）・鈴鹿《すずか》（三重県関町）の三関《さんげん》を封鎖。直接行動は封じ込めたが、謀反《むほん》の誣告《ぶこく》が相次いだ。

ある日、赤目の体長4・5センチほどの小さな白い亀が献上された。早速、中国の書物を調べさせると、「王者は偏せず党せず……王者の徳が流れうるおえば、霊亀が出現する」と記されている。この天の贈り物を好機とし、譲位の宣命《せんみょう》が出された。数ある皇位継承者のなかで首皇子こそ天命にかなうことを、白亀の出現によって証明しようとしたのだろう。

こうして724年、元明・元正という2代の女帝の中継ぎを経て、聖武天皇が即位。年号も縁起のよい亀にあやかり「神亀《じんき》」と改められた。

729年（天平元）

光明子の立后と長屋王の悲劇

聖武天皇が即位したとき、太政官《だいじょうかん》のトップは**長屋王**《ながやおう》だった。彼は天武天皇の長男の子、母は元明天皇の姉で有力な皇位継承者のひとりである。

いっぽう、聖武天皇と藤原不比等の娘・**光明子**《こうみょうし》との間には待望の皇子が生まれたものの1年で夭逝《ようせい》。聖武のもうひとりの夫人、県犬養広刀自《あがたいぬかいのひろとじ》が安積《あさか》親王を出産し、光明子の地位は微妙なものになってきた。

危機感をつのらせた藤原氏が選んだのは、光明子を天皇の正妻、つまり皇后に立てるという道だった。しかし皇后は、先代の天皇の皇女から選ばれるのが慣例だ。藤原氏出身の光明子を皇后に立てると知って、果たして長屋王ら皇親派は黙っているだろうか？

そこでひそかに邪魔者長屋王を消す陰謀が進められた。729年2月、「左大臣正二位《さだいじんしょうにい》長屋王ひそかに邪悪なまじないを学びて国を傾けんと欲す」と密告させ、不比等の子・宇合《うまかい》らが長屋王邸（↓P41）を包囲。王とその一族を自殺に追い込んだ。世にいう**長屋王の変**である。

その半年後、思惑どおり光明子が皇后に就いた。光明皇后の誕生である。

のちにこの事件が藤原氏の陰謀であることがわかり、裁断を下した聖武天皇は生涯、慙愧《ざんき》の念にさいなまれたという。

737年（天平9）

天然痘大流行で 藤原四子、相次ぎ倒れる

長屋王の自殺後、藤原不比等の四子、武智麻呂《むちまろ》・房前《ふささき》・宇合・麻呂《まろ》は揃《そろ》って昇進し、政権の中枢を握ることに成功した。しかしここで、思わぬ事態が発生する。737年、大流行となった天然痘《てんねんとう》によって、4兄弟が次々と倒れてしまったのである。彼らだけでなく、議政官がほとんど壊滅した。現代でいえば、総理大臣と主要閣僚が一挙に死亡してしまったようなものである。

2か月後、知太政官事《ちだい(い)じょうかんじ》に鈴鹿王《すずかおう》（長屋王の弟）、大納言《だいなごん》に**橘諸兄《たちばなのもろえ》**が任じられ、新政権が発足する。中納言には多治比《たじひ》氏と大伴《おおとも》氏の代表が加わり、藤原氏からはわずかに豊成《とよなり》（武智麻呂の子）が加わっただけである。疫病流行による動揺が続くなか、反藤原氏的な、橘諸兄政権が誕生した。

政権には、唐に18年間留学し、最新の学問や社会情勢の情報などをもたらした僧玄昉《げんぼう》と吉備真備《きびのまきび》も相談役として加わり、しだいに発言力を強めていく。これがのちに藤原広嗣《ひろつぐ》の乱の呼び水となる。

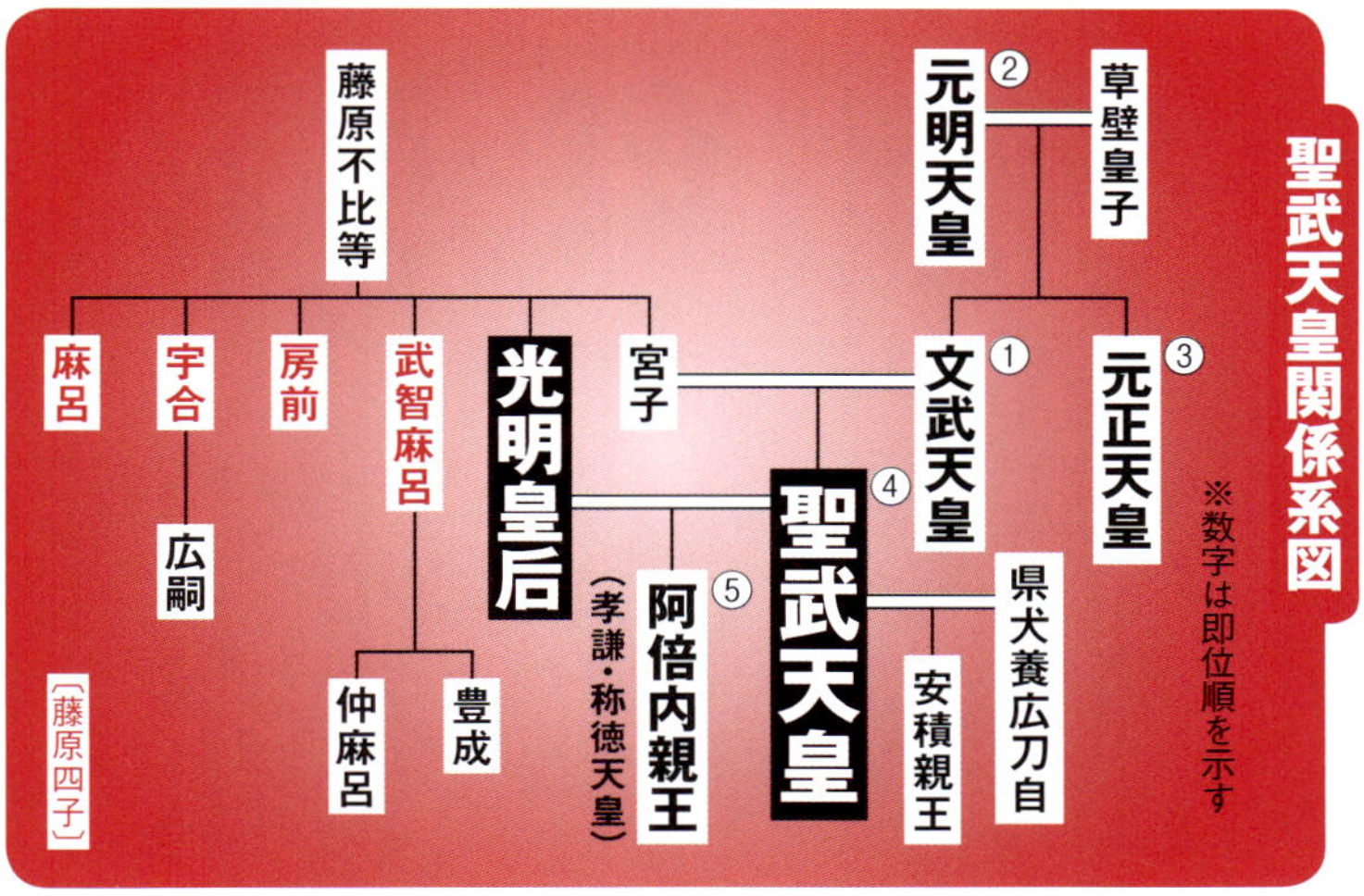

740年（天平12）

藤原広嗣の乱と 彷徨《ほうこう》する聖武天皇

橘諸兄政権誕生から3年後の740年8月末、大宰府《だざいふ》（九州に置かれた地方行政府）の次官であった**藤原広嗣**（宇合の長子）が、突然、聖武天皇に上表文《じょうひょうぶん》を出し、その返事を待たずして挙兵した。「相次ぐ天変地異は、成り上がり者の僧玄昉と吉備真備が政治に口出しするせいである」とし、彼ら2人の排除を主張して挙兵したのである。

朝廷はただちに大野東人《おおのあずまひと》を大将軍に任命し、1万数千人の大軍を動員して九州に派遣してこれに当たった。

ところが九州での戦闘の続いているさなか、聖武天皇は平城京を出発し、東国へ行幸に出てしまう。このような重大な時期、なぜ聖武天皇が都を離れたかは謎である。

東国への行幸ののち聖武天皇は恭仁京《くにきょう》（山背国相楽郡《やましろのくにさがらぐん》）、紫香楽宮《しがらきのみや》（近江国甲賀郡《おうみのくに》）、難波京《なにわきょう》と遷都を繰り返した。この間、国分寺建立の詔を出し、さらに紫香楽宮で大仏造立を発願。疫病や飢饉、政変に悩まされた聖武天皇は、仏教を拠り所としたのだ。

745年、5年ぶりに戻ってきた平城の地に大仏造立事業も移され、752年（天平勝宝《てんぴょうしょうほう》4）東大寺に巨大な盧舎那仏《るしゃなぶつ》が完成した。

749年（天平勝宝元）に出家し、娘の孝謙天皇に譲位していた聖武太上天皇は、来朝した唐の高僧・鑑真《がんじん》から、754年（天平勝宝6）に仏の弟子となるための菩薩戒《ぼさつかい》を授かり、その2年後、56歳の生涯を閉じた。

安積《あさか》親王の暗殺

744年、聖武天皇の難波京への行幸に同行していた安積親王が病気で恭仁京に引き返し、2日後、17歳の若さで急死してしまった。

安積親王は聖武天皇と県犬養広刀自との間に生まれた皇子である。すでに光明皇后との間の娘・阿倍《あべ》内親王が皇太子になってはいたものの、未婚の内親王への皇位継承には反対も多く、安積親王は、有力な皇位継承者であり、藤原氏をおびやかす存在であった。

その安積親王の急死である。彼の死は、藤原氏による暗殺との説が強い。

古寺を訪ねる

「奈良の大仏さん」で親しまれる古都随一の大寺 東大寺《とうだいじ》

大仏殿の高さは約 48 m。世界最大級の木造建築である

「大仏さん」の頭部は江戸時代、胴体は鎌倉時代の再建

東大寺といえば「大仏《だいぶつ》さん」である（正しくは「盧舎那仏《るしゃなぶつ》」／国宝）。奈良を代表する最大のシンボルといってもいいだろう。

向かい合って参詣客《さんけいきゃく》を睨《にら》みつけている阿《あ》吽《うん》一対の仁王《におう》像（金剛力士《こんごうりきし》像／国宝）を見て南大門《なんだいもん》をくぐり、大仏殿《だいぶつでん》（金堂《こんどう》／国宝）に入る。像高約15メートル、世界最大級の金銅仏である大仏さまが、鎮座している。

平安末期の平氏による焼討ち、戦国時代の松永久秀《まつながひさひで》と三好三人衆《みよしさんにんしゅう》の争いによる戦火で、752年（天平勝宝《てんぴょうしょうほう》4）の開眼《かいげん》当時の像はほとんど失われ、蓮弁《れんべん》の一部に残るのみ。現在の大仏さまは江戸時代の再建である。

大仏殿の柱の一本には、大仏さまの鼻の大きさと同じといわれる穴が開く。穴をくぐると無病息災のご利益があるといわれているが、残念ながら大人がくぐるには無理な大きさである。現在の大仏殿は、江戸時代に再建されたもので、創建当時の3分の2の大きさだが、それでも世界最大級の木造建築である。現在の屋根瓦《やねがわら》は、1973年（昭和48）から7年をかけて葺《ふ》きかえたもの。

春をよぶ奈良の風物詩 二月堂の「修二会（お水取り）」

東大寺は728年（神亀《じんき》5）、聖武《しょうむ》天皇が皇太子基《もとい》親王供養のため建立した金鐘山寺《きんしょうさんじ》に始まる。東大寺の寺号は、747年（天平19）頃からのことで、「平城京の東にある大寺《おおてら》」の意味に由来する。

多くの堂塔が立ち並ぶ大伽藍《だいがらん》だったが、現在、転害門《てがいもん》、法華堂《ほっけどう》（三月堂《さんがつどう》）、正倉院《しょうそういん》の校倉《あぜくら》などに創建時の面影を留める。

境内の東の丘陵に立つ法華堂は、東大寺最古の堂で、創建は天平時代（730〜740年代）という。旧暦3月に毎年「法《ほっ》華会《けえ》」を行なったことからの呼び名で、堂内には不空羂索観音立像《ふくうけんさくかんのんりゅうぞう》（国宝）などが厳《おごそ》かに安置されている。

法華堂のすぐ北側に、二月堂《にがつどう》が立つ。毎

転害門《てがいもん》　国宝

762年（天平宝字6）の造営と伝え、東大寺創建以来の建造物。別名、佐保路門《さほじもん》、景清門《かげきよもん》。

大仏殿（金堂）　国宝

幅約57m、奥行き約50m、高さ約48m。天平年間（729〜749）に創建。寄棟造り本瓦葺きの現在の建物は1709年の再建。

赤字　国宝建造物
青字　重要文化財建造物

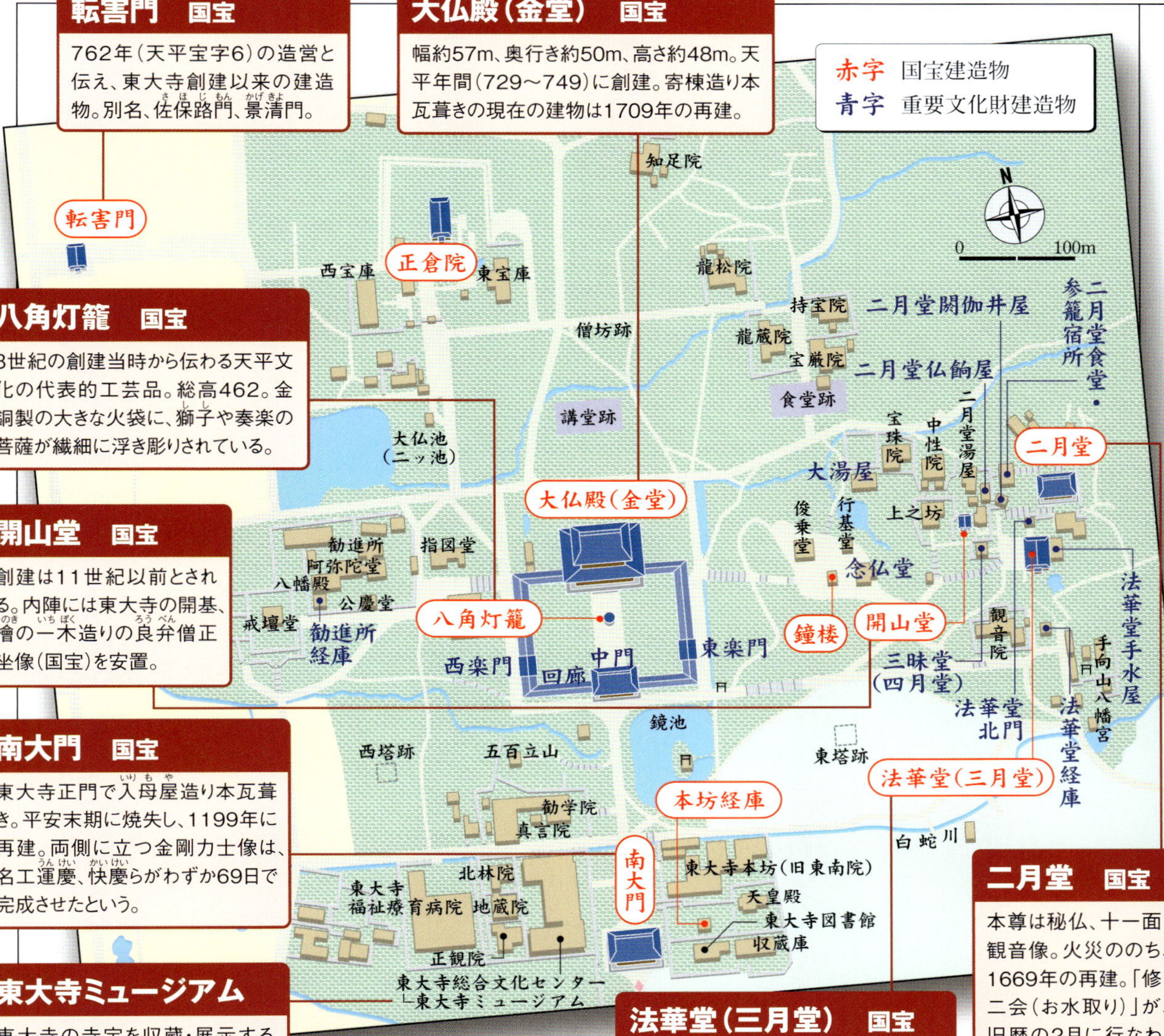

八角灯籠　国宝

8世紀の創建当時から伝わる天平文化の代表的工芸品。総高462。金銅製の大きな火袋に、獅子《しし》や奏楽の菩薩が繊細に浮き彫りされている。

開山堂　国宝

創建は11世紀以前とされる。内陣には東大寺の開基、檜《ひのき》の一木《いちぼく》造りの良弁《ろうべん》僧正坐像（国宝）を安置。

南大門　国宝

東大寺正門で入母屋《いりもや》造り本瓦葺き。平安末期に焼失し、1199年に再建。両側に立つ金剛力士像は、名工運慶《うんけい》、快慶《かいけい》らがわずか69日で完成させたという。

東大寺ミュージアム

東大寺の寺宝を収蔵・展示する。法華堂から移された日光・月光菩薩立像（国宝）などが拝観できる。

法華堂（三月堂）　国宝

本尊の不空羂索観音立像（国宝）をはじめ、国宝の仏像が10体も並ぶ。

二月堂　国宝

本尊は秘仏、十一面観音像。火災ののち、1669年の再建。「修二会（お水取り）」が、旧暦の2月に行なわれることから二月堂の名が付いた。

東大寺《とうだいじ》

【宗派】華厳宗大本山

【創建】728年（神亀5）

◆アクセス

奈良県奈良市雑司町406-1
電話：0742-22-5511
交通：近鉄奈良駅・JR奈良駅から、奈良交通バス、大仏殿春日大社前下車、徒歩5分。または近鉄奈良駅から徒歩約20分。

年3月1日から14日まで行なわれる「修二会《しゅにえ》」は、本尊・十一面観音菩薩《かんのんぼさつ》に罪障《ざいしょう》を懺悔《さんげ》する、東大寺で最もよく知られた行法《ぎょうほう》。3月12日の深夜に堂の下にある若狭井《わかさい》（閼伽井《あかい》）から汲《く》んだ水を供えることから「お水取《みずと》り」ともよばれる。

期間中の毎夜行なわれる「おたいまつ」では、二月堂の舞台を大松明が次々と回り、その勇壮な美しさに、見物人から一斉に歓声が上がる。古都奈良を代表する、春を呼ぶ行事である。

歴史探訪ガイド

東大寺周辺をめぐる

「東の大寺」に伝わる天平の御仏たちと対面

東大寺の境内は広く、拝観は半日以上のスケジュールでのぞみたい。幾たびも兵火を免れた天平《てんぴょう》の御仏《み》たちが、悠久の眼差しで迎えてくれる。

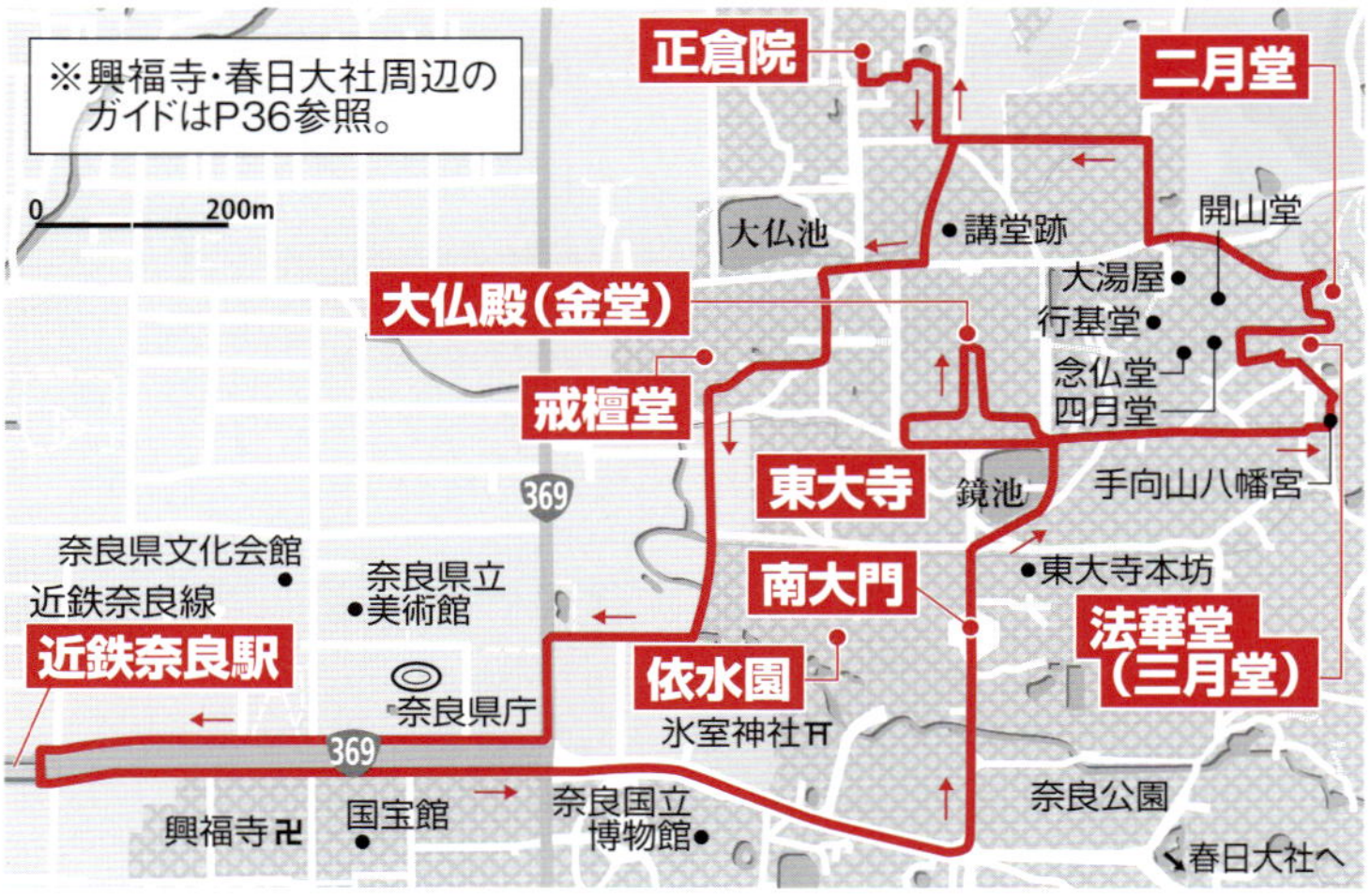

鹿の遊ぶにぎやかな参道

近鉄奈良駅前の行基菩薩像《ぎょうきぼさつぞう》に一礼し、東西に走る国道369号線（登大路）を東に歩き始める。左手の奈良県庁は、屋上広場が一般開放されており、大仏殿の大屋根や興福寺《こうふくじ》五重塔を望むこともできる。さらに先の大仏殿前交差点で左折すれば、東大寺参道。正面に見えてくる豪壮な門が、**南大門《なんだいもん》**だ。

ここから大仏殿へはすぐだが、その前に右手の鏡池《かがみいけ》に立ち寄りたい。畔《ほとり》は池越しに中門と大仏殿を望む、絶好の記念撮影ポイントになっている。あたりは楓《かえで》やイチョウが多く、秋にはいっそう豪華な景観を眺めることができる。池の周囲を回ったら、回廊南西の**大仏殿**拝観受付へ向かう。

拝観後は回廊の東側に出ることになる。ここから東へ歩を進めると、鎮守社の手向山八幡宮《たむけやまはちまんぐう》に出る。さらに境内を北へ抜ければ、天平《てんぴょう》仏の宝庫として知られる**法華堂《ほっけどう》**（三月堂《さんがつどう》）。その背後には、修二会《しゅにえ》（お水取り）の舞台として有名な**二月堂《にがつどう》**が立っている。隣りには昔ながらの風情を残す茶店などもあるので、一息入れるのもいい。

土壁の道を抜けて県内屈指の名庭へ

二月堂の北側の階段を下りて直進すると、左手に塔頭寺院の土壁が連なる。このあたりから見返る二月堂は、写真家・入江泰吉《いりえたいきち》も好んで撮影した構図だ。大湯屋前の辻を右折し、持宝院《じほういん》門前で左折すると、校倉造《あぜくらづくり》の正倉院《しょうそういん》に到着。見学後は南にある戒壇《かいだん》堂《どう》へ向かうが、途中左へそれて大仏殿背後に回れば、巨大な礎石群が残る講堂跡に出られる。**戒壇堂**を拝観したら正面の石段を下り、**依水園《いすいえん》**へ。2つの池泉回遊式《ちせんかいゆうしき》庭園を組み合わせた県内屈指の名庭で、受付手前には古代中国の青銅器などを展示する寧《ねい》楽《らく》美術館もある。

帰路は、依水園から西にのびる道を歩いたほうが風情がある。県庁の手前で左折し、369号線を右方向に向かえば、近鉄奈良駅に到着。

おすすめ探訪コース

所要時間 約3時間

近鉄奈良駅 → 徒歩15分 → 東大寺南大門 → 徒歩5分 → 東大寺大仏殿 → 徒歩8分 → 東大寺法華堂(三月堂) → 徒歩すぐ → 東大寺二月堂 → 徒歩10分 → 正倉院 → 徒歩5分 → 東大寺戒壇堂 → 徒歩5分 → 依水園 → 徒歩12分 → 近鉄奈良駅

※地図上の━ルート

奈良の御霊《ごりょう》神社と怨霊たち

奈良時代末から平安時代末にかけて、都はしばしば天変地異や疫病《えきびょう》に襲われた。こうした災厄《さいやく》を、当時の人々は非業《ひごう》の死を遂げた人の霊、すなわち「御霊《ごりょう》」のたたりと考え、恐れおののいた。その御霊を鎮めるため、奈良や京都をはじめ各地につくられたのが、御霊神社である。

さて、猿沢池《さるさわいけ》の南に広がるならまちとよばれるエリアは、格子のある町家が軒を連ね、中近世の面影を残す町だ。このあたりはもともと元興寺《がんごうじ》の境内で、15世紀半ば、土一揆《つちいっき》で伽藍《がらん》の大半を焼失したあと、旧境内を中心に町並みが形成されたという。このならまち周辺に、なぜか御霊神社がたくさんある。

井上内親王はじめスター級の怨霊が居並ぶ御霊神社

奈良市薬師堂町《やくしどうちょう》にある**御霊《ごりょう》神社**は、**井上《いのうえ》内親王**と**他戸《おさべ》親王**の怨霊を鎮めるためにつくられた、文字通りの御霊神社である。

井上内親王は、聖武《しょうむ》天皇の皇女というまことに高貴なお方である。白壁《しらかべ》王と結婚後、王の即位（光仁《こうにん》天皇）にともない皇后となり、子の他戸親王も皇太子になった。

ところが、ある日、巫蠱大逆《ふこたいぎゃく》（まじないによる謀反《むほん》）の罪を着せられて、皇后と皇太子の地位を剥奪《はくだつ》されてしまった。そして幽閉後、775年（宝亀6）に亡くなったのである。

一連の事件は、藤原百川《ももかわ》が、天皇の第一皇子である山部《やまべ》親王（のちの**桓武《かんむ》天皇**）を立太子させるための策略で、

井上内親王の御霊をまつるならまちの御霊神社

母子が同日に亡くなっていることから、毒殺された疑いが濃い。

当然、関係者の井上内親王の怨霊に対する恐れは相当なもので、墓は天皇・皇后と同等に「山陵」と追称されたうえ、桓武天皇が、内親王の幽閉地から元興寺近くにその神を遷して御《ご》霊会《りょうえ》を行なっている。そののち、現在の地に御霊神社が建てられたという。

この御霊神社には、**早良《さわら》親王**、**藤原広嗣《ひろつぐ》**、**文屋宮田麻呂《ふんやのみやたまろ》**、**伊予《いよ》親王**、**橘逸勢《はやなり》**などもまつられており、いずれも非業の死を遂げ、怨霊となる資格充分のそうそうたる顔ぶれである。

ちなみに神社入り口に鎮座する狛犬の前足には紙縒《こよ》り状の紙ひもが結ばれているが、これは町内の子どもが神隠しにあって連れ去られないようにするためのおまじないだという。

藤原広嗣の恨みと鏡神社

ならまちの東に広がる高畑《たかばたけ》にある**鏡《かがみ》神社**。ここには、奈良時代末期の官人、**藤原広嗣《ひろつぐ》**がまつられている。

広嗣は藤原宇合《うまかい》の長子という毛並みのよさであるが、時の権力者橘諸《たちばなのもろ》兄《え》政権にうとまれ、大宰府《だざいふ》に左遷されてしまった。そこで740年（天《てん》平《びょう》12）、朝廷で重用されている玄昉《げんぼう》や吉備真備《きびのまきび》らを政界から除くことを要求して挙兵するが破れ、惨殺された。

乱に対する処分は280人以上におよび、まさに都を揺るがす大事件だったが、彼の死後、その霊が玄昉や真備の運命を狂わせたとの噂《うわさ》が広まり、鏡神社が建立された。

早良親王の怨霊を鎮める崇道天皇社

西紀寺《にしきでら》町にある崇道天皇社《すどうてんのうしゃ》。これは785年（延暦4）造長岡京使《ぞうながおかきょうし》の**藤原種継《たねつぐ》暗殺事件**に連座して亡くなった、桓武天皇の弟・早良親王の怨霊を鎮めるためにつくられた神社だ。

彼の死後、桓武の妃や母親、皇后らが相次いで亡くなるなど異変や災厄が続き、親王のたたりと恐れられたことから、のちに「崇道天皇」という称号が贈られた。その名にちなみ、崇道天皇社とよんでいる。

こうしてみていくと、奈良・平安期を代表する聖武・桓武両天皇の心にひそむ闇は、相当深そうである。

古寺を訪ねる

藤原一門の氏寺として隆盛を極めた 興福寺《こうふくじ》

興福寺五重塔（国宝）は、藤原不比等の娘・光明皇后により建立された。以後、焼失と再建を繰り返し、現在の塔は室町時代の再建。奈良のシンボルとして広く親しまれ、猿沢池越しに望む塔は記念撮影の定番となっている。年間を通じて夜間ライトアップ（日没～22時ごろ）も行われている。

1300年の風雪を乗りこえて

興福寺の五重塔の高さは、約50メートル。国内に現存する古塔では京都東寺《とうじ》の五重塔に次ぐ高さを誇る。市街のどこからでも、その姿を眺めることができ、塔を隠す建物は建てないという不文律が残る、奈良のシンボルのひとつだ。

この五重塔を目標にJR奈良駅から三条《さんじょう》通《どお》りを東へ歩くと、やがて右手に猿沢池《さるさわいけ》が見えてくる。五重塔を水面に美しく映す、奈良時代に築かれた人工池だ。三条通りから興福寺境内に入る。堂々とそびえる五重塔、その北隣に立つ東金堂はともに国宝。境内西側には、西国三十三カ所観音霊場第9番札所として信仰を集める南円堂《なんえんどう》（重文）や、運慶《うんけい》作の無著《むちゃく》・世親《せしん》立像《りゅうぞう》などを安置する北円堂《ほくえんどう》（国宝）などが立つ。長い歴史の中で度重なる戦火に遭ってきたが、そのつど創建当初の様式で再建されてきた。

大和一国を治めた「南都」の代表格

興福寺の起源は、藤原鎌足《かまたり》の病気回復を願い、夫人が山背国《やましろ》（京都・山科）に造営した山階寺《やましなでら》といわれる。その後、飛鳥《あすか》に移され厩坂寺《うまやさかでら》となり、さらに平城遷都の際、鎌足の子不比等《ふひと》によって現在地に移された。

藤原氏の繁栄とともに寺領を拡大し、平

北円堂《ほくえんどう》　国宝

藤原不比等の追善供養《ついぜんくよう》のため、721年元明《げんめい》上皇と元正《げんしょう》天皇の発願で建立。1210年の再建ながら、力強く華麗な創建時の姿をよく残している。

東金堂《とうこんどう》　国宝

726年の建立。現在の建物は1415年の再建。寄棟造《よせむねづく》りの屋根の曲線、深い軒や太い柱が、奈良時代の雰囲気を伝える。

国宝館

1959年に建てられた文化財保存収蔵庫。仏像の優品をはじめ多くの国宝・重文を保存・展示している。

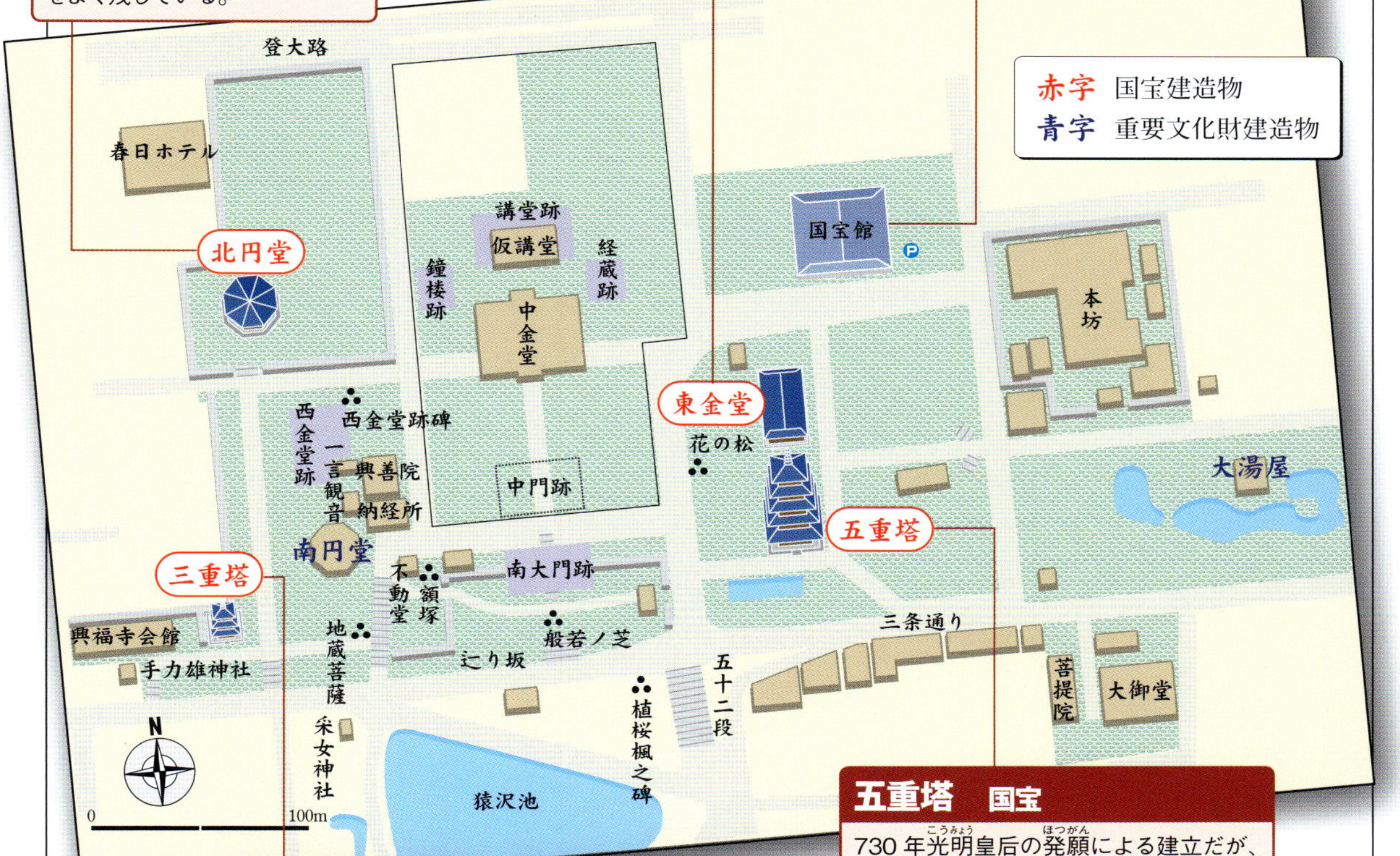

五重塔　国宝

730年光明《こうみょう》皇后の発願《ほつがん》による建立だが、5度の焼失を経て、室町時代の1426年に再建。初層内部には、薬師、釈迦《しゃか》、阿弥陀《あみだ》、弥勒《みろく》の各三尊像が、四方仏として安置されている。

三重塔　国宝

1143年の創建。1180年の焼失後まもなく再建された。初層内部には、如来像と極楽浄土の様子が描かれており、毎年7月7日に特別開扉される。

安時代の半ばには、大和《やまと》国全土を勢力下に治めるまでに発展した。「南都《なんと》」とは、奈良平城京の異称だが、一方、京都の「北嶺《ほくれい》」すなわち延暦寺《えんりゃくじ》に対して、興福寺そのものを意味したことでも、往時の隆盛ぶりがしのばれる。

国宝館は、かつて僧侶が食事を取るための食堂《じきどう》があった場所に築かれた。憂いをたたえた表情で名高い阿修羅《あしゅら》像（国宝）は、ここで出会うことができる。その阿修羅像を含む八部衆像《はちぶしゅうぞう》や十大弟子像、金剛力士像《こんごうりきしぞう》や天燈鬼《てんとうき》・龍燈鬼像《りゅうとうきぞう》など、寺内にはたび重なる災禍から守りぬかれた数々の名仏や絵画、工芸品が数多く収蔵されている。

興福寺《こうふくじ》

【宗派】法相宗大本山
【創建】710年（和銅3）

◆アクセス

奈良県奈良市登大路町48
電話：0742-22-7755
交通：JR奈良駅から徒歩20分、または奈良交通バス市内循環系統で県庁前下車、徒歩約3分。または近鉄奈良駅から徒歩5分。

飛鳥・奈良時代の仏教

紀元前6～5世紀頃、インドのガンジス川流域で悟りを開いたゴータマ・シッダールタ（釈迦）によって始められた仏教は、約1000年の時を経て、6世紀に日本に伝えられた。以後、仏教は、日本の在来の神々とも折り合いをつけながら、政治・文化に大きな影響を与えてゆく。

538年（宣化3・欽明7）百済より仏教伝来
きらきら輝く仏像に一同びっくり仰天する

538年（一説に552年）欽明《きんめい》天皇の時代、百済《くだら》から、仏像・経典・僧の三宝《さんぼう》が伝えられた。いわゆる**仏教公伝**《こうでん》である。

これらは高句麗《こうくり》や新羅《しらぎ》の侵略に対して援軍を送ったり、任那《みまな》4県を割譲したことへの返礼として日本に送られてきたもので、いわば仏教は、外交交渉の一環として伝えられたのである。

百済の聖明《せいめい》王の上表文とともにこれら三宝が献上されたとき、欽明天皇は贈られた仏像を前に「西蕃《にしのとなりのくに》の献《たてまつ》れる仏の相貌端厳《かおきらぎら》し。全《もは》ら未だ曾《かつ》て有ず」と驚嘆したという。

もともと日本列島在来の神々は自然神で、山や川、巨石、巨木などに宿ったり、動物に姿を変えて現れることはあっても、元来、目に見えない存在だった。それが、きらきらと金色に輝き、芸術的魅力も併《あわ》せもつ具体的な像の形で、姿を現わしたのである。思想内容の是非を問う以前に、その美しい仏像を見て、一同びっくり仰天したというのが正直なところのようだ。

【仏教関連年表】

538年	仏教、百済より伝来。
584年	蘇我馬子、仏殿つくる。
604年	「憲法十七条」制定。
607年	法隆寺建立。
610年ごろ	聖徳太子の『三経義疏』なる。
701年	「大宝僧尼令」定められる。
710年	平城遷都。
741年	国分寺・国分尼寺が創設。
752年	東大寺大仏開眼供養。
754年	鑑真来日、律宗を確立。

崇仏派・蘇我氏と排仏派・物部氏の争い始まる

百済・聖明王より贈られた仏像を前にして、欽明天皇は居合わせた群臣たちに、「礼《うやま》うべきか否か」と問うた。**蘇我稲目**《そがのいなめ》は「西蕃《にしのとなり》の諸国《くにぐに》、一《もはら》に皆礼う。豊秋日本《とよあきつやまと》、あに独り背かんや」として積極的に礼うことに賛同した。

これに対し、**物部尾輿**《もののべのおこし》は「今改めて蕃神《あたしくにのかみ》を拝せば、恐らく国神《くにつかみ》の怒《いかり》を致さむ」と反対した。どうやら「仏教」という新しい宗教が伝えられたというより、新しい神様がひとり、他国からやってきた、という認識だったようだ。だから、崇仏派が仏を招福神とみたのに対し、排仏側はそれを厄災神と考えたのだろう。

そこで、欽明天皇は試みに稲目に仏像を礼拝させることにした。以後、疫病《えきびょう》の流行→国神の怒りによるとして廃仏→**蘇我馬子**《うまこ》、仏塔を建てる→またしても疫病の流行→廃仏→物部氏も罹患《りかん》→馬子に仏法が許されるなど、一進一退の攻防戦をくり返す。

やがて用明《ようめい》天皇の没後、王位継承をめぐって物部氏と蘇我氏の戦いが始まった。このとき戦闘に加わった**聖徳太子**（厩戸《うまやと》皇子）が、白膠木《ぬりで》で四天王像をつくり、「今若《も》し我をして敵に勝たしめたまはば、必ず護世四王《ごせいしおう》の奉為《みため》に、寺塔を起立《た》てむ」と誓いを立てたのは有名な話だ。

その戦勝記念に、聖徳太子は難波《なにわ》に四天王寺《してんのうじ》を、馬子は飛鳥《あすか》に**法興寺**《ほうこうじ》を建立した。法興寺建立は、蘇我氏による宿敵・物部氏討滅の記念碑であり、仏教が日本に定着する原点でもあった。現在、法興寺は**飛鳥寺**とよばれ、本尊の銅造釈迦如来坐像《しゃかにょらいざぞう》は「飛鳥大仏」として親しまれている（→P16）。

745年（天平17）
「小僧」から「大僧正」へ！ 民衆から慕われた行基

蘇我氏が廃仏派との争いを制したのち、**推古《すいこ》天皇**が即位、聖徳太子が摂政となり、積極的に仏教を取り入れた国家体制が進んだ。さらに8世紀に入り「僧尼令《そうにりょう》」が施行され、朝廷の許可のない出家得度《とくど》や民間への布教が禁止されるなど、仏教は国家仏教として形成されていったのだ。

そのようななか、民衆のために仏教を説き、人気を集めた僧がいる。そのひとりが**行基《ぎょうき》**だ。行基は法相宗《ほっそう》を日本に伝えた道昭《どうしょう》の弟子として元《がん》興寺《ごうじ》に入った。その後生駒《いこま》山地での修行を経て生家に寺を建立、そこを拠点とし民衆への布教に加え、各地でため池や橋の整備をはじめ社会事業を行った。

行基は民衆から「行基菩薩」と称され慕われたが、朝廷はこれを問題視し、717年（養老元）、行基と弟子たちの弾圧を始めた。行基は朝廷から「小僧《しょうそう》行基」とよばれ蔑まれたが、それでも布教を続け、1000人を超える弟子が集まったという。

しかし731年（天平3）、朝廷は行基の弟子の一部を出家者として認める方針に転換した。743年（天平15）には、大仏建立を発願した聖《しょう》武《む》天皇から、行基は勧進《かんじん》僧に任命され、さらにその2年後には、日本初の**大僧正《だいそうじょう》**の位を授けられている。大仏造営の実現は多くの人々から慕われた行基なくしてかなわなかったということだろう。

752年（天平勝宝4）
大仏造立
国家安寧。聖武天皇の悲願をこめた

国家仏教の隆盛は、奈良時代の**聖《しょう》武《む》天皇**の時代に最高潮を迎えた。各国に国分寺《こくぶんじ》・国分尼寺《こくぶんにじ》が建立されるとともに、奈良の東大寺がその中心的寺院とされ、その象徴として大仏（盧舎那仏《るしゃなぶつ》）が造立されたのである。

752年、東大寺大仏の開眼供養《かいげんくよう》が総勢1万もの僧尼《そうに》を迎えて行なわれた。すでに孝謙《こうけん》天皇に位を譲っていた聖武太上《だいじょう》天皇は、文武百官とともに盧舎那仏の開眼供養に臨んだ。

大仏開眼とは、大仏の目に筆で瞳《ひとみ》を書き入れる儀式である。その大役を務めたのは、インド人僧侶・菩提《ぼだい》僊那《せんな》。筆には縷《る》（長いひも）がついており、その端を、聖武太上天皇や光明《こうみょう》皇太后をはじめ、参会の僧俗が大仏の下で握り締めた。そうやって、大仏との結縁《けちえん》を願ったのである。その筆と縷は、現在も正倉院に伝わっている。

長屋《ながや》王の変（↓P24）など、不安定な政情をなんとか安定させたものにしたいという聖武天皇の悲願がこめられた、大仏造立であった。

南都六宗ってなに？

奈良の仏教といえば倶舎《くしゃ》・成実《じょうじつ》・律《りつ》・三論《さんろん》・法相《ほっそう》・華厳《けごん》の「南都六宗」をさし、大陸輸入の「学問仏教」として知られる。ところで奈良時代の学問仏教とは、いったいどんなものだったのだろうか。

まず「宗」という概念だが、今日私たちが考える宗派名とは少し異なり、一寺院内に諸宗が同居して研鑽《けんさん》に励むさまは、今日の大学における学部・学科のようなものと考えたほうがよいかもしれない。

当時の記録によると、各宗は、それぞれ寺院内で独立した研究所をもち、僧侶は各宗にまたがって学ぶことができたという。

唐の玄奘《げんじょう》が7世紀半ばに漢訳した『倶舎論』に基づく倶舎宗、鳩摩羅什《くまらじゅう》が5世紀初頭に訳した『成実論』に基づく成実宗、『般若経《はんにゃきょう》』の空《くう》を論じた『中論』『百論』『十二門論』の三論に基づく三論宗などは、いずれも学問仏教の基礎として奈良時代に盛んに研究されたが、平安時代以降、新興仏教に押され、宗派としては衰微した。

いっぽう、興福《こうふく》寺、薬師《やくし》寺の二大本山のもとでその法統をつなげる法相宗、鑑真《がんじん》が創建した唐招提寺を中心に伝えられる律宗、東大寺の中心教学となった華厳宗は、現在もその法統をつなげている。

華麗な社殿が立ち並ぶ、平城の都を守護してきた大社
春日大社《かすがたいしゃ》

朱色も鮮やかな中門（写真は第60次式年造替にともなう修理以前のもの）

朱に彩られた四神をまつる四棟の本殿

一之鳥居から続く春日大社の長い参道は、『万葉集《まんようしゅう》』にもしばしば歌われた「春日野《かすがの》」のなかを東にのびている。

二之鳥居を経て、回廊《かいろう》の南門をくぐると、左手に樹齢700年を超える「砂ずりの藤」が、参拝客を迎えてくれる。春から初夏にかけて、見事な紫の花房が地に触れんばかりにこぼれ咲く。

正面の幣殿《へいでん》・舞殿《まいどの》の奥には、朱塗りの楼門・中門と、その左右にのびる御廊が立つ。本殿（国宝）はさらに中門の奥に鎮座している。

春日大社は、平城遷都《へいじょうせんと》に際して藤原不比等《ふひと》が、古来氏神《うじがみ》としてあがめてきた常陸《ひたち》国（茨城県）鹿島《かしま》神宮の武甕槌命《たけみかづちのみこと》を春日山（御《み》蓋山《かさやま》）山頂にまつったのが起源とされる。

現在地に社殿が築かれたのは768年（神護景雲《じんごけいうん》2）のことという。このときに下総《しもうさ》国（千葉県）香取《かとり》神宮の経津主命《ふつぬしのみこと》、河内《かわち》国（大阪府）枚岡《ひらおか》神社の天児屋根命《あめのこやねのみこと》と比売神《ひめがみ》がともに勧請《かんじょう》され、今日まで伝わる春日大社の四柱の祭神が整った。

藤原氏が勢力をのばすにつれて春日大社は社殿の造営が盛んになる。現在の規模の社殿となったのは、平安時代前期。以後、今日にいたるまで、皇室から庶民まで幅広く信仰されている。

砂ずりの藤のほか、本殿の南、御間型燈《おあいがたとう》籠《ろう》とよばれる石燈籠の続く道の先にある若宮神社に生える「八《や》ツ藤」や、神苑《しんえん》・萬葉《まんよう》植物園内にある「藤の園」など、神域には多くの藤の木が育ち、その高貴な色と姿が境内をより一層華やがせる。

春日大社の四季を彩る古式ゆかしい雅やかな祭礼の数々

春日大社では、実に年間2200回以上もの祭礼が行われている。奈良の師走の風物詩「春日若宮おん祭」（12月15日〜18日）は、平安時代から連綿と続く春日大社の摂社・若宮神社の例祭で、国の重要無形民俗文化

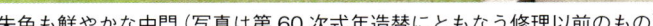

本殿　国宝

平安末期には現在の姿に整えられたという。御祭神四柱をまつるため、同形式の春日造4棟が並ぶ。（※2016年秋まで第60次式年造替が行われている）

直会殿《なおらいでん》　重文

9世紀の創建。春日祭の折には「直会の儀」が行なわれる。樹木信仰のため、樹齢600年の柏槙《びゃくしん》の大木が屋根を貫いて立つ。

中門　重文

平安末期の建築で、本殿手前に立つ朱塗りの門。左右にのびる御廊の軒には釣燈籠《つりどうろう》が下げられ、灯が点された際は格別の美しさとなる。

着到殿《ちゃくとうでん》　重文

平安初期に創建された檜皮葺き、入母屋造りの建物。春日祭の折に、勅使が「着到の儀」を行なう場所であり、天皇行幸《ぎょうこう》の際には行在《あんざい》所《しょ》にもなったとされる。現在の建物は1413年の再建。

回廊　重文

平安後期に現在の複廊式の姿に改築されたが、もとは鳥居に瑞垣《みずがき》、または築地塀《ついじべい》だった。本殿を囲むように建てられ、南と西とに合計4つの門からなる。

若宮神社　重文

春日大社の摂社。祭神は水徳の神と仰がれる天押雲根命《あめのおしくもねのみこと》で、長承年間（1132〜35）の大雨による飢饉と疫病を鎮めるため、1135年に創建された。翌年に行なわれた祭礼が霊験あらたかだったため、これが現在に伝わる「おん祭」となったという。

財に指定されている。伝統行列が市街を練り歩く「お渡り式」をはじめ、神事芸能が次々に奉納される。

節分とお盆の年に2回行われるのが「万《まん》燈籠《とうろう》」（2月3日、8月14日〜15日）。夜になると約2000基の石燈籠と、約1000基の釣燈籠すべてに火が灯され、境内は幻想的な雰囲気に包まれる。

ほかにも、3月に行われる「春日祭」、「御田植《おたうえ》神事」、5月の「菖蒲《しょうぶ》祭」、「薪御能《たきぎおのう》」、中秋の名月に猿沢池で開催される「采女《うねめ》祭」、こどもの日と文化の日に行われる「萬葉雅楽会」など、枚挙にいとまがない。

春日大社《かすがたいしゃ》

【祭神】武甕槌命、経津主命、天児屋根命、比売神

【創祀】710年（和銅3）

◆アクセス

奈良県奈良市春日野町160
電話：0742-22-7788
交通：近鉄奈良駅・JR奈良駅から、奈良交通バス大仏殿・春日大社前または春日大社表参道下車、徒歩10分。春日大社本殿前下車、徒歩5分。

歴史探訪ガイド

興福寺・春日大社周辺

天平の面影を残す古社寺と風情ある町並みを散策

興福寺《こうふくじ》の南には江戸から明治期にかけての古い町家が軒を連ねるならまちが、春日大社《かすがたいしゃ》南にはかつて大社の禰《ね》宜《ぎ》たちが住んだという高畑《たかばたけ》が広がる。どちらも見どころは多いので、できれば2日以上の日程でのぞみたい。

春日大社の摂社・若宮神社。八ツ藤とよばれる八重の藤が咲く

元興寺旧境内に広がる昔町

猿沢池《さるさわいけ》へは、近鉄奈良駅から三条通に向かえばすぐ。北に広がる**興福寺**の拝観を終えたら、春日大社一之鳥居手前を右折する。右手に奈良ホテルを見ながら進むと、興福寺の別当職を務めた**旧大乗院庭園《きゅうだいじょういんていえん》**、さらに、交差点の向かいには興福寺の僧・**玄《げん》昉《ぼう》**の開基と伝わる**福智院《ふくちいん》**が立つ。西へ向かうと見えてくる**今西家《いまにしけ》書院**は、福智院家の住宅跡。室町時代の書院様式を今に伝える貴重な遺構だ。

ここから先は、白壁や虫籠窓《むしこまど》の古民家が軒を連ねるならまちを歩く。興福寺と並び南都七大寺《なんとしちだいじ》のひとつに数えられた**元興寺《がんごうじ》**の旧境内に広がる町で、現在も「薬師堂町《やくしどうちょう》」や「今御門町《いまみかどちょう》」といったお寺に関連する地名が使われている。しばらく先で右折すると、元興寺に到着。収蔵庫には、天平《てんぴょう》時代の五重小塔などが安置されている。南には**塔跡**の礎石群や、元興寺の子院と伝えられる**十輪院《じゅうりんいん》**が立つ。

十輪院から御霊《ごりょう》神社前を通過し、庚申堂《こうしんどう》へ。さらに奈良市立史料保存館前を過ぎれば、アーケードの商店街が見えてくる。店を覗きながら商店街を抜けると、近鉄奈良駅だ。

昭和の文化人が集った高畑サロンへ

春日大社一之鳥居からは石燈籠《いしどうろう》の連なる参道を歩くと、朱塗りの南門に至る。本社の参拝後は御間道《おあいみち》を抜けて**若宮神社**へ。さらに夫婦大國社《めおとだいこくしゃ》から二之鳥居まで引き返し、すぐの細道から「ささやきの小径《こみち》」に入る。

この先の閑静な住宅街が高畑。見晴らしのよい台地に広がる土地で、昭和初期には多くの文人らが芸術論に花を咲かせ「高畑サロン」とよばれた。**志賀直哉《しがなおや》旧居**は、その中心となった場所。現在は一般に公開されており、大作『暗夜行路《あんやこうろ》』を書き上げたという書斎なども見学できる。

ここからは道標に従い、十二神将《じゅうにしんしょう》立像《りゅうぞう》で知られる**新薬師寺《しんやくしじ》**へ。入江泰《いりえたい》吉《きち》などの写真を収蔵する**奈良市写真美術館**へも足をのばし、天然記念物の五色椿で有名な**白毫寺《びゃくごうじ》**へ向かう。引き返して高畑町バス停まで歩けば、近鉄奈良駅にゴールできる。

おすすめ探訪コース

所要時間 約4時間

※地図上の……ルート

- 近鉄奈良駅
- 徒歩5分
- 猿沢池
- 徒歩すぐ
- 興福寺
- 徒歩15分
- 旧大乗院庭園
- 徒歩3分
- 福智院
- 徒歩5分
- 今西家書院
- 徒歩5分
- 元興寺
- 徒歩3分
- 元興寺（塔跡）
- 徒歩5分
- 十輪院
- 徒歩20分
- 近鉄奈良駅

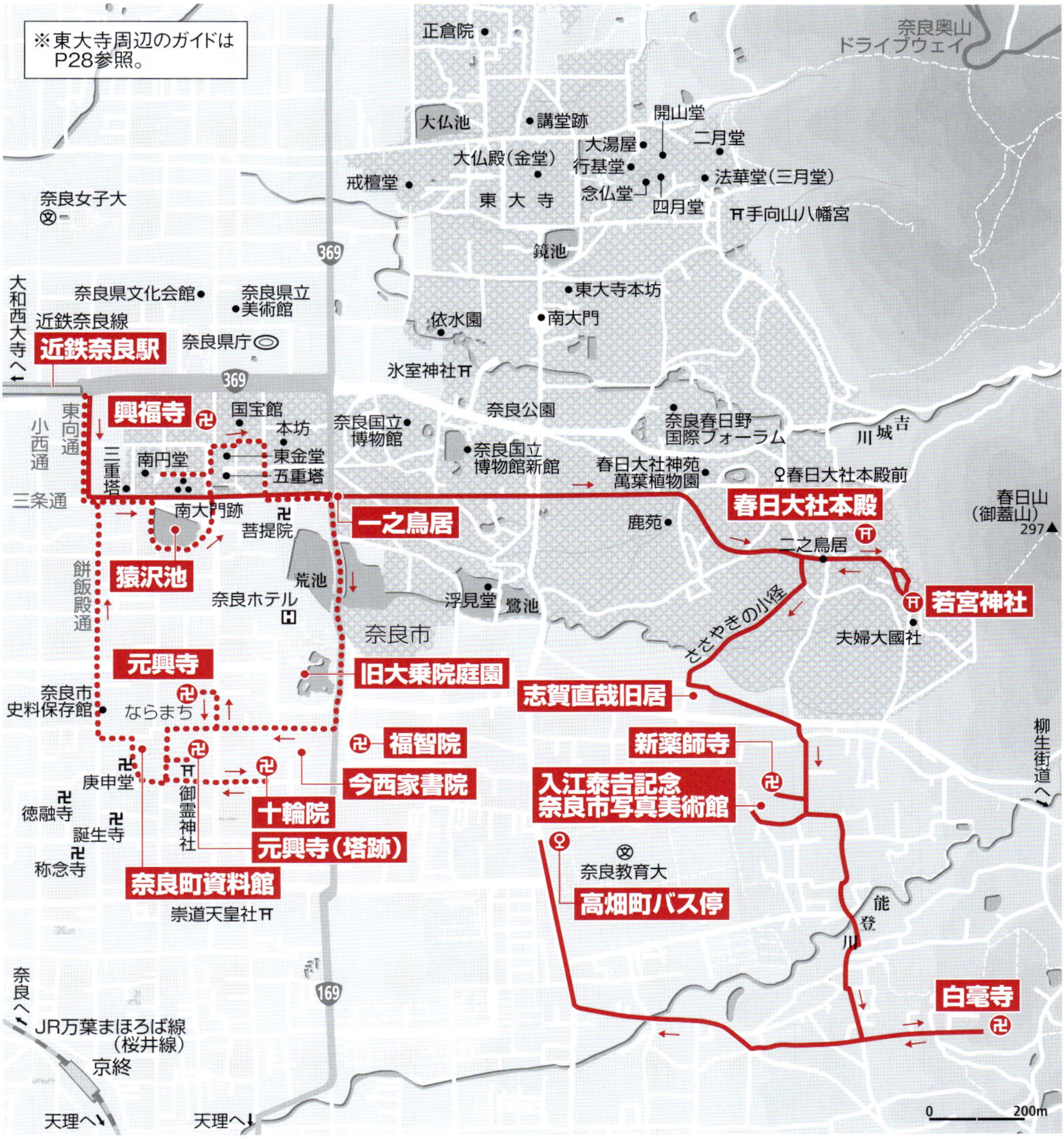

おすすめ探訪コース

所要時間 約5時間

※地図上の──ルート

近鉄奈良駅
徒歩5分
春日大社一之鳥居
徒歩15分
春日大社本殿
徒歩5分
若宮神社
徒歩15分
志賀直哉旧居
徒歩8分
新薬師寺
徒歩3分
入江泰吉記念奈良市写真美術館
徒歩15分
白毫寺
徒歩25分
高畑町バス停

【アクセス】高畑町バス停から奈良交通バスJR奈良駅行きで7分、近鉄奈良駅下車。

いにしえの都の中心地

平城宮跡と西ノ京周辺

現在は、市街からやや離れた郊外といった趣の地だが、かつては奈良の都の中心地だった。西大寺、薬師寺、唐招提寺などの大寺が、華やかなりし頃の都の面影を今に伝える。

平城宮跡に復元された第一次大極殿

奈良時代の皇居

平城宮跡
（へいじょうきゅうせき）

平城京の中心部があった地。

「あをによし奈良の都」と歌われた

平城京（へいじょうきょう）

710年に、藤原京から遷都して都が築かれた地。朱雀門《すざくもん》は平城宮の正門、朱雀大路は都のメインストリートであった。

光明皇后建立の尼寺

法華寺（ほっけじ）

もとは光明皇后の父にあたる藤原不比等《ふひと》邸。本尊の十一面観音立《じゅういちめんかんのんりゅう》像《ぞう》（国宝）は皇后を模してつくられたともいう。

法華寺本堂

貴重な木簡が発見された

長屋王邸跡
（ながやおうていあと）

1988年に、百貨店建設工事で大量の木簡類が出土し、長屋王（天武《てんむ》天皇の孫で左大臣）の邸宅跡であることが確認された。→P41

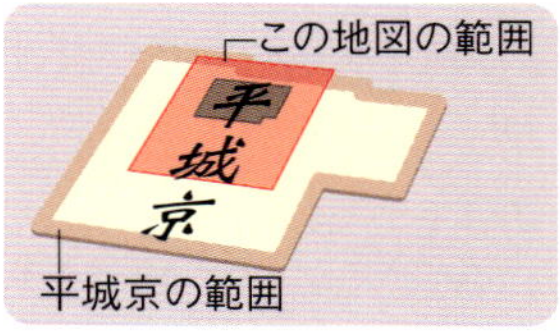

西大寺本堂

美しい伎芸天で有名
秋篠寺（あきしのでら）

780年頃の創建で寺伝では桓武《かんむ》天皇の勅願による。瞑想的な表情としなやかな姿の伎芸天立像《ぎげいてんりゅうぞう》（重文）で名高い。

大伽藍の跡がしのばれる
西大寺（さいだいじ）

平城京の東に建つ東大寺に対し、西に建てられた。度重なる火災で堂塔は焼失しているが、仏画や舎利塔など寺宝を多く伝える。

美しい前方後円墳
垂仁天皇陵（すいにんてんのうりょう）

第11代とされる天皇の陵墓。全長227m。天皇は、野見宿禰《のみのすくね》と當麻《たいまの》蹶速《けはや》に相撲をさせた話、不老不死を約束する「非時香果《ときじくのかぐのみ》」を得るため、田道間守《たじまもり》を常世国《とこよのくに》に遣わした話で知られる。

試みの大仏殿
喜光寺（きこうじ）

721年行基によって建立。金堂は室町時代の再建だが、もとは東大寺大仏殿建立に際し、試作用に10分の1に縮小してつくられた建造物の名残という。

垂仁天皇陵

垂仁天皇に尽くした田道間守《たじまもり》の墓。天皇陵を囲む濠の中の小島にある

多くの高僧を送り出した
薬師寺（やくしじ）

再建された壮麗な堂塔が並ぶ。
→P42

鑑真和上ゆかりの
唐招提寺（とうしょうだいじ）

貴重な天平様式の建築群。
→P46

平城京の人々の暮らしぶり

現在の奈良市と大和郡山市《やまとこおりやま》にまたがる「平城京」は、唐の都、長安城を手本に、大小の道路で碁《ご》盤目《ばんめ》状に区画した、堂々たる本格的都城《とじょう》である。面積約24平方キロメートルの中に、約10万人前後もの人々が暮らしていた巨大都市平城京の、その暮らしぶりをのぞいてみよう。

単身赴任者も多かった 人口約10万人の大都市平城京

平城京には、五位以上の貴族が120人前後（家族を含めて約1200人）、六位以下の中級官人が約600人（同約6000人）、ほかに下級官人や雑役・警備にあたった仕丁《しちょう》や衛士《えじ》、奴婢《ぬひ》などを含め、5万～10万人が住んでいたと推定されている。

ただし下級官人のなかには本籍を故郷におきながら、宮や貴族などに仕える者も多かった。彼らは畿内諸国はもちろんのこと、遠く伊予《いよ》や肥前《ひぜん》、陸奥《むつ》などから出仕し、その多くは単身赴任であったらしい。

さて、平城京へ都を移すにあたり、政府は官人たちに宅地を分配した。

その際の宅地班給基準は、「**1町**《ちょう》」が単位だった。1町とは、約120メートル四方の正方形の区画をいう。実際には、そこから宅地に面した道路分を差し引いた面積になるが、この1町を現在の坪数に換算すると、なんと4300坪という広さになる。もっともこんな広さの土地をもらえたのは高級貴族だけだが、なかにはさらに広い宅地をもっていた人もいる。**長屋王**《ながやおう》、**藤原不比等**《ふひと》、**新田部親王**《にいたべ》は4町。光《こう》明《みょう》皇太后の信任を得て権勢を誇った**藤原仲麻呂**《なかまろ》は、8町という広大な敷地に住んでいた。

そして高位の人は宮殿に近い北に住み、宮から遠くなるほど、小さな宅地になり、奈良後期になると、32分の1町、64分の1町という小規模な宅地まで出てきた。

64分の1町とは、約225平方メートルである。結構広いようにも思えるが、この中に7～15人程度の家族が住み、敷地内には菜園もあった。万葉歌人山上憶良《やまのうえのおくら》が「貧窮問答歌《ひんきゅうもんどう》」で「…直土《ひたつち》に　藁解《わらと》き敷きて…」と詠《よ》んだように、平城京に住む庶民や下級官人は、土間に直接起居する貧しい住宅で生活していたと想像される。高床式で檜皮葺《ひわだぶ》きの屋根の住まいは、天皇や貴族など、ごく限られた人々のものだったのである。

官人の始業時間は、なんと 早朝6時半！

平城京の朝は早かった。官人たちの出勤時間は規則で決められており、中務省《なかつかさ》陰陽寮《おんみょうりょう》の漏刻《ろうこく》博士が水時計で正確に時刻を計って、宮殿の門の開閉時刻を知らせた。朱雀《すざく》門など宮殿の周りの門や羅城《らじょう》門の開門は午前3時。大極殿《だいごくでん》や朝堂院《ちょうどういん》の開門は午前6時半だ。遅刻した者は門内に入れなかったというから厳しい。

当然、この出勤時間に間に合うように、朝早くから家を出なければならない。京のはずれに住む下級の官人は、毎日2～4キロメートルもの距離を歩いて出勤した。

そして午前中は朝堂院で、文書の作成や押印などの仕事（朝政《ちょうせい》）を行ない、忙しければ、所属する役所（曹《ぞう》司《し》）に移動して、午後も仕事をした。

朱雀門の開門時間は早暁3時。官人たちはみな、この前で開門を待った。

彼らの基本的な給与は、半年に1度支給される**季禄**《きろく》である。位に応じて量は異なるが、絁《あしぎぬ》（粗雑な絹織物）、綿、布、鍬《くわ》などが現物支給された。下級役人はとてもそれだけでは生活できないので、口分田《くぶんでん》を耕作した。そのため、5月と8月には**田仮**《でんか》という特別休暇が与えられ農作業も行なった。奈良時代の役所勤めも、なかなか大変だった。

木簡からうかがわれる超高級貴族 長屋王の豪華な暮らしぶり

【「親王《しんのう》」長屋王《ながやおう》の大邸宅】 1986～88年に行なわれた平城京の発掘現場から、墨痕《ぼっこん》も鮮やかに「**長屋親王宮鮑大贄十編**《あわびおおにえ》」と書かれた木簡《もっかん》が発見された。長屋親王宮に「大贄」（本来は天皇に貢進される食物）として送られた鮑十編につけられた荷札だ。

長屋王とは、いうまでもなく、藤原氏一族の陰謀により非業《ひごう》の死を遂げた悲劇の宰相である（→P24）。

発掘調査で見つかった約10万点の木簡のうち、長屋王邸跡から約3万5000点もの木簡が出土。当時の皇族政治家の華麗なる暮らしぶりが浮き彫りにされた。

まず、4町（約5万7600平方メートル。東京ドームの約1・5倍）という当時としては最大級の敷地の広さだった。中央部には、天皇の住居である内裏《だいり》の正殿と同じ構造の建物があり、長屋王の居住空間となる正殿があったと推定されている。

また長屋王の正妻の**吉備**《きび》**内親王**、妻の**石川夫人**《いしかわぶにん》、**安倍大刀自**《あべのおおとじ》も、それぞれの子とともに、邸宅内西側の区画にある建物に住んでいたらしい。さらに、大路に面し、個人の邸宅の門を開くことが禁じられていたのにも関わらず、長屋王邸は二条大路に面した北門が存在していた。少なくともこの邸が、天皇の内裏にも比すべき特別な場所だったことは間違いない。

彼は天武《てんむ》天皇の長子、高市《たけち》皇子を父とし、天智《てんじ》天皇の娘、御名部《みなべ》皇女を母とし、当時の朝廷で皇族を代表する地位にあった。先ほどの木簡にも「長屋親王」とあり、特別な扱いを受けていたことを示している。逆にそのことが藤原氏の脅威となり、のちに**長屋王の変**を招く原因ともなったわけだが…。

【自給的な小朝廷】 それにしても、木簡から見える世界は実に魅力的である。たとえば、発掘された木簡には「若翁《わかみたふりの》乳母《めのと》」「若翁博士」「若翁少子」「若翁犬」などの文字がみえる。若翁とは貴人の子女をさす言葉で、その乳母や教育係、遊び相手、愛玩《あいがん》用の犬などがいたことがわかる。

ほかにも長屋王邸には、王家の家政を職務とする「家令《かれい》」や「書吏《しょり》」のほか、60人の資人《しじん》（従者）が置かれていた。また多様な技能者たちが、金属器や武具・衣服などの製作にあたり、建物や庭園の造営・管理にあたる部署もあった。「薬師処」では医師が働き、「書法所」には仏教経典の書写に従事する人々が配属され、僧尼もたくさん住んでいたようである。

このように長屋王家はひとつの自給的な世界を形成し、さながら小さな朝廷のようだった。

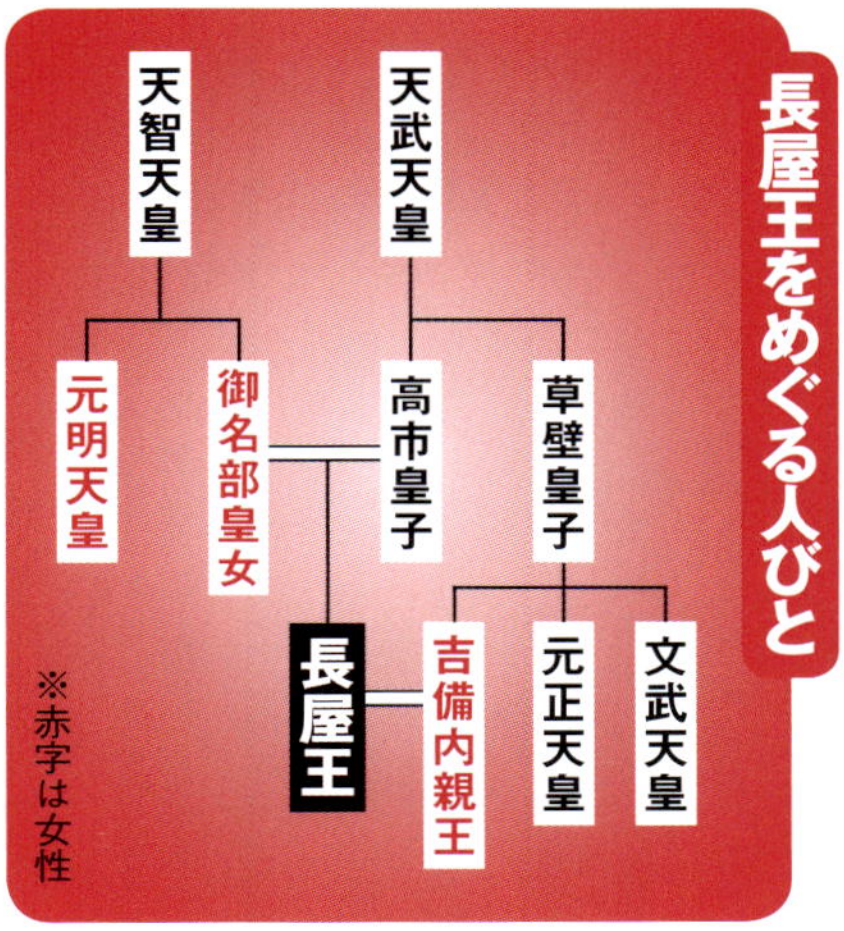

「長屋親王宮鮑大贄十編」と書かれた荷札の木簡。長さ214ミリ

長屋王の美食生活

木簡研究者を驚かせたのは、食品名や調理に関わる記述が多かったことだ。

たとえば、日本各地から取り寄せた美味珍味は上記のアワビをはじめ、タイ、タイの酢漬け、タイの塩辛、ナマコ、ホヤ、カツオ、シカやイノシシの肉、果物ではクリ、カキ、ウリ、ナシ、モモと、とどまるところを知らない。カモの肉を塩と米飯に漬け込んで発酵させた馴鮨《なれずし》もあった。

いっぽう、全国より牛乳を取り寄せ、煮詰めて加工した古代のチーズ「蘇《そ》」もつくられていた。

都祁《つげ》（奈良市都祁）には氷室《ひむろ》（氷の製造・貯蔵施設）を所有し、夏には毎日のようにそこから氷を取り寄せていた。食品の保冷に使うほか、甘葛煎《あまかずらせん》というシロップをかけてカキ氷にして食したのかもしれない。

長屋王は中国の神仙思想にも傾倒していたようで、不老不死の仙薬といわれる「蓮《はす》の実」も好んで食べていた形跡がみられる。

このように、食品の種類の豊富さ、スケールの大きさからいって、長屋王は、日本史上、有数の美食家であったことはまちがいない。

古寺を訪ねる

皇后の病気平癒を祈って天武天皇が発願したお寺 薬師寺《やくしじ》

本尊の薬師三尊像をまつる金堂（右）と、色鮮やかな西塔

白鳳伽藍の復興は昭和もなかばを過ぎてから

薬師寺が建つのは、西《にし》ノ京《きょう》町。平城京を南北に走る朱雀大路《すざくおおじ》の西を西ノ京とよんだことから残る地名である。

初めて訪れる人は、中門越しにそびえ立つ東塔《とうとう》と西塔《さいとう》、そして、２つの塔に守られるようにして建つ壮麗な金堂《こんどう》、その奥の大講堂から構成される大伽藍《だいがらん》の華やかな美しさに驚くにちがいない。

薬師寺は、皇后（のちの持統《じとう》天皇）の病気回復を祈念する天武《てんむ》天皇の発願により創建された。もとは飛鳥《あすか》の地、藤原京にあり、現在の地に移されたのは、平城遷都のときのことである。学問寺として栄え、壮麗な金堂は、「竜宮《りゅうぐう》のよう」とまで称《たた》えられたが、鎌倉時代から室町時代にかけて、地震、大風、戦火の災禍《さいか》を受け、東塔と東院堂以外のほとんどの建物を失ってしまった。

復興は、昭和も半ばを過ぎてからのこと。全国から集まった浄財によって新たな金堂が完成したのが１９７６年（昭和51）。その後、西塔、中門、回廊と次々と再建が進み、２００３年（平成15）には大講堂が落成、白鳳《はくほう》時代の伽藍が概ね再現された。

現在の薬師寺の姿は、多くの人々の支援によって実現したものなのである。１３００年を超える時をくぐり抜けてきた東塔と、１９８１年（昭和56）に落成した西塔は、まさに薬師寺の歴史そのものといえよう。

古代金銅仏の最高傑作と称えられる本尊・薬師三尊像

境内の建物は新しいが、堂内に安置されている仏像は、長い歳月がもたらした美しさを、私たちに見せてくれる。

金堂に安置される薬師三尊像《やくしさんぞんぞう》（国宝）は飛鳥時代（白鳳期）の名像。向かって右の日光菩薩《にっこうぼさつ》、左の月光《がっこう》菩薩に守られて、薬師如来坐像が威厳にあふれながらも、優しい表情で拝観者を迎えてくれる。

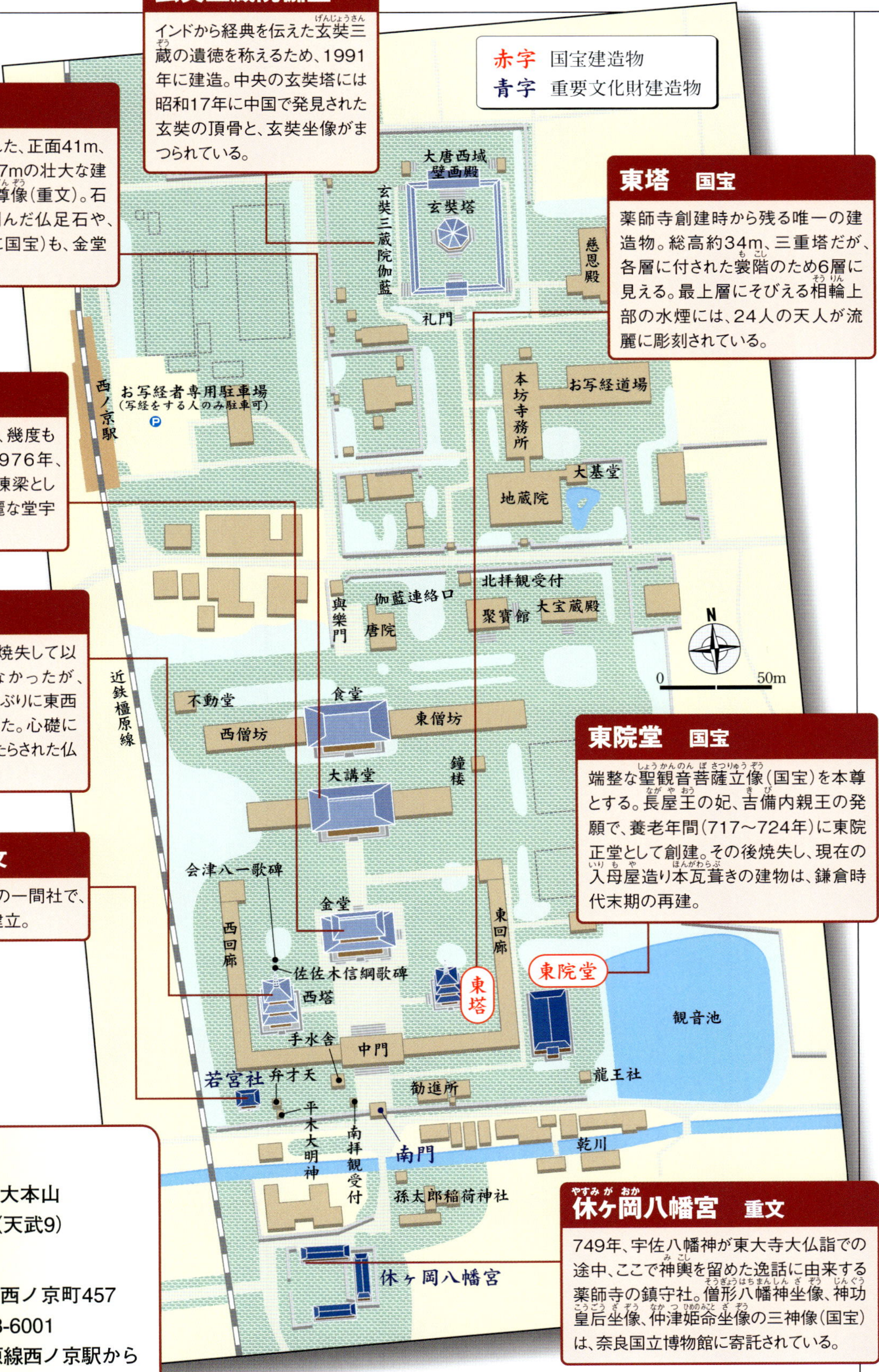

玄奘三蔵院伽藍

インドから経典を伝えた玄奘三《げんじょうさん》蔵《ぞう》の遺徳を称えるため、1991年に建造。中央の玄奘塔には昭和17年に中国で発見された玄奘の頂骨と、玄奘坐像がまつられている。

大講堂

2003年に再建された、正面41m、奥行き20m、高さ17mの壮大な建築。本尊は弥勒三尊像《みろくさんぞんぞう》（重文）。石に釈迦の足跡を刻んだ仏足石や、仏足跡歌碑（ともに国宝）も、金堂から移設された。

東塔　国宝

薬師寺創建時から残る唯一の建造物。総高約34m、三重塔だが、各層に付された裳階《もこし》のため6層に見える。最上層にそびえる相輪《そうりん》上部の水煙には、24人の天人が流麗に彫刻されている。

金堂

7世紀の創建以来、幾度もの戦乱で焼失。1976年、名匠・西岡常一《にしおかつねかず》を棟梁として迎え、現在の壮麗な堂宇が再建された。

西塔

1528年の戦災で焼失して以来復元されていなかったが、1981年、約450年ぶりに東西の両塔が並び建った。心礎にはガンダーラからもたらされた仏舎利が納められた。

東院堂　国宝

端整な聖観音菩薩立像《しょうかんのんぼさつりゅうぞう》（国宝）を本尊とする。長屋王《ながやおう》の妃、吉備《きび》内親王の発願で、養老年間（717～724年）に東院正堂として創建。その後焼失し、現在の入母屋《いりもや》造り本瓦葺《ほんがわらぶ》きの建物は、鎌倉時代末期の再建。

若宮社　重文

春日造り檜皮葺《ひわだぶ》きの一間社で、鎌倉時代後期の建立。

薬師寺《やくしじ》

【宗派】法相宗大本山
【創建】680年（天武9）

◆アクセス
奈良県奈良市西ノ京町457
電話：0742-33-6001
交通：近鉄橿原線西ノ京駅から徒歩1分。

休ヶ岡《やすみがおか》八幡宮　重文

749年、宇佐八幡神が東大寺大仏詣での途中、ここで神輿《みこし》を留めた逸話に由来する薬師寺の鎮守社。僧形八幡神坐像《そうぎょうはちまんしんざぞう》、神功《じんぐう》皇后坐像《こうごうざぞう》、仲津姫命坐像《なかつひめのみことざぞう》の三神像（国宝）は、奈良国立博物館に寄託されている。

藤原京にあった薬師寺（本薬師寺跡。橿原市城殿町）。藤原宮の南西方にあり、２基の東西塔と中央に金堂を配する「薬師寺方式」の伽藍配置であった

病苦に苦しむ人々を、救済してくださる仏さまにふさわしい表情といえよう。

薬師如来の台座も、見逃せない。一番上の框《かまち》にはギリシャの葡萄唐草文様《ぶどうからくさもんよう》、その下にはペルシャの蓮華《れんげ》文様が見られる。また、下の框の四方には玄武《げんぶ》、青龍《せいりゅう》、朱雀《すざく》、白虎《びゃっこ》の四神（→P18）が配されている。まさに、シルクロードが奈良まで続いていたことを、実感できるだろう。

このほか、東院堂の聖観音菩薩立像《しょうかんのんぼさつりゅうぞう》（国宝）をはじめ、四天王像など、見逃せない仏さまが数多く安置されている。

藤原京の故地に残る「本薬師寺」の遺構

さて、平城遷都とともに薬師寺が現在の奈良市西ノ京に移ったため、藤原京の薬師寺は「本薬師寺《もとやくしじ》」とよばれるようになった。

調査によると、本薬師寺の規模や伽藍《がらん》配置は、現薬師寺とほぼ同一。寺域は藤原京の右京八条三坊の2町四方(約1万7000坪)を占める広さで、左京にあった大官大寺《だいかんたいじ》とほぼ左右対峙《たいじ》する位置にあったことから、その重要性がうかがわれる。

橿原《かしはら》市城殿町《きどのちょう》に残る本薬師寺跡（国特別史跡）には、金堂と東西両塔の土壇と礎石が残り、往時の面影を偲《しの》ぶことができる。

光明皇后が建立したもうひとつの薬師寺「新薬師寺」

ところで、奈良市高畑町《たかばたけ》には、もうひとつ薬師寺の名を冠す「新薬師寺《しんやくしじ》」（華厳宗）というお寺がある。

奈良時代の747年（天平19）に、聖武《しょうむ》天皇の眼病平癒《へいゆ》を祈願して光明《こうみょう》皇后が創建し、七仏薬師をまつった。

創建当初は、金堂・講堂・東西両塔など七堂伽藍に住僧100人という大寺であったが、平安以降、落雷や台風、兵火により焼失。現在残っている当時の建物は本堂（国宝）だけである。鎌倉時代、明恵上人《みょうえしょうにん》が住して伽藍整備が行なわれ、東門、地蔵堂、鐘楼《しょうろう》（以上、重文）などを建立した。

本堂中央の円壇に安置される本尊の木造薬師如来坐像《やくしにょらいざぞう》（国宝）、本尊を守護する等身大の塑像十二神将立像《そぞうじゅうにしんしょうりゅうぞう》（国宝）など、すばらしい仏像の宝庫であり、見飽きることのない名刹《めいさつ》である。

くるくる変わる奈良朝の権力者

義理の息子を天皇に据えた藤原仲麻呂の栄華

737年（天平9）、藤原不比等《ふひと》の四子が天然痘《てんねんとう》により倒れたあと、登場したのは皇族の橘諸兄《たちばなのもろえ》だった。しかし藤原武智麻呂《むちまろ》の次男で、俊秀のほまれ高い藤原仲麻呂《なかまろ》が新興してくると、諸兄は政界から消えた。

756年（天平勝宝8）、病の重くなった聖武《しょうむ》太上《だじょう》天皇は、娘の孝謙《こうけん》天皇に跡目がいないことを心配して、天武天皇の孫の道祖王《ふなど》を皇太子にあてることを遺詔《いしょう》し世を去る。しかし、その道祖王はわずか11か月で皇太子の地位を追われ、かわりに皇太子の位についたのは、大炊王《おおい》（のちの淳《じゅん》仁《にん》天皇）だ。仲麻呂は亡くなった長男の妻と大炊王を結婚させて、自分の住む田村第《たむらだい》に住まわせていた。つまり仲麻呂にとって大炊王は義理の息子だったのである。

いっぽう、仲麻呂は光明皇太后《こうみょうこうたいごう》にも接近。皇太后のための役所「紫微《しび》中台《ちゅうだい》」を設置して自らその長官に就任。以後、仲麻呂の全盛時代となる。

これに反発する橘奈良麻呂《ならまろ》（諸兄の子）が、有力貴族によびかけて政権転覆のクーデターを試みたがあえなく失敗した（橘奈良麻呂の乱）。この乱の関係者の大弾圧を進めるなかで、仲麻呂は押しも押されぬ地位を固めていく。さらに孝謙天皇の退位後、自らの傀儡《かいらい》である淳仁天皇の即位に成功した仲麻呂は、太政《だいじょう》大臣となって、絶大な権力を振るい始めた。しかし彼の栄華もここまでだった。

称徳天皇の反撃と道鏡の登場

762年、孝謙上皇が病気になり、宮中の内道場の禅師、道鏡《どうきょう》の看病を受けたことが仲麻呂の没落の始まりだ。道鏡は「宿曜秘法《すくようひほう》」という密教の呪法《じゅほう》によって孝謙の病気を平癒《へいゆ》させ、それを契機に孝謙の寵愛《ちょうあい》を受けるようになった。淳仁天皇はそれを見て、孝謙に苦言を呈したが、孝謙はそれに怒って、法華寺《ほっけじ》に入り出家してしまう。

そうこうするうちに、孝謙・道鏡派と淳仁・仲麻呂派との争いが勃発した。結局、仲麻呂は敗れて自滅（藤原仲麻呂の乱）。乱後、淳仁天皇は廃され、孝謙上皇は重祚《ちょうそ》（再び天皇に即位）して称徳《しょうとく》天皇となった。

いっぽう、称徳天皇の皇位を脅《おびや》かす可能性のある男子の皇位継承候補者は謀反の疑いをかけられ、ことごとく平城京から一掃された。

こうした粛清が続くなか、769年（神護景雲《じんごけいうん》3）、大宰府《だざいふ》の神主《かんのつかさ》が宇佐《うさ》八幡神《はちまんしん》の「道鏡をして皇位につけしめば、天下太平ならむ」という神託を上奏してきた。しかし確認のため現地に赴いた臣下の和気清麻呂《わけのきよまろ》がもたらした神託は、「天《あま》つ日嗣《ひつぎ》は必ず皇緒《こうしょ》を立て、無道《むどう》の人早く掃除すべし」だった。結局、道鏡を皇位につけようとする称徳天皇の目論見は失敗に終わったのである。称徳天皇が病没すると、道鏡は即座に下野《しもつけ》薬師寺に放逐された。

その年、62歳の白壁王《しらかべ》（光仁《こうにん》天皇）が即位。ついで桓武《かんむ》天皇が即位。平安時代はすぐそこまできていた。

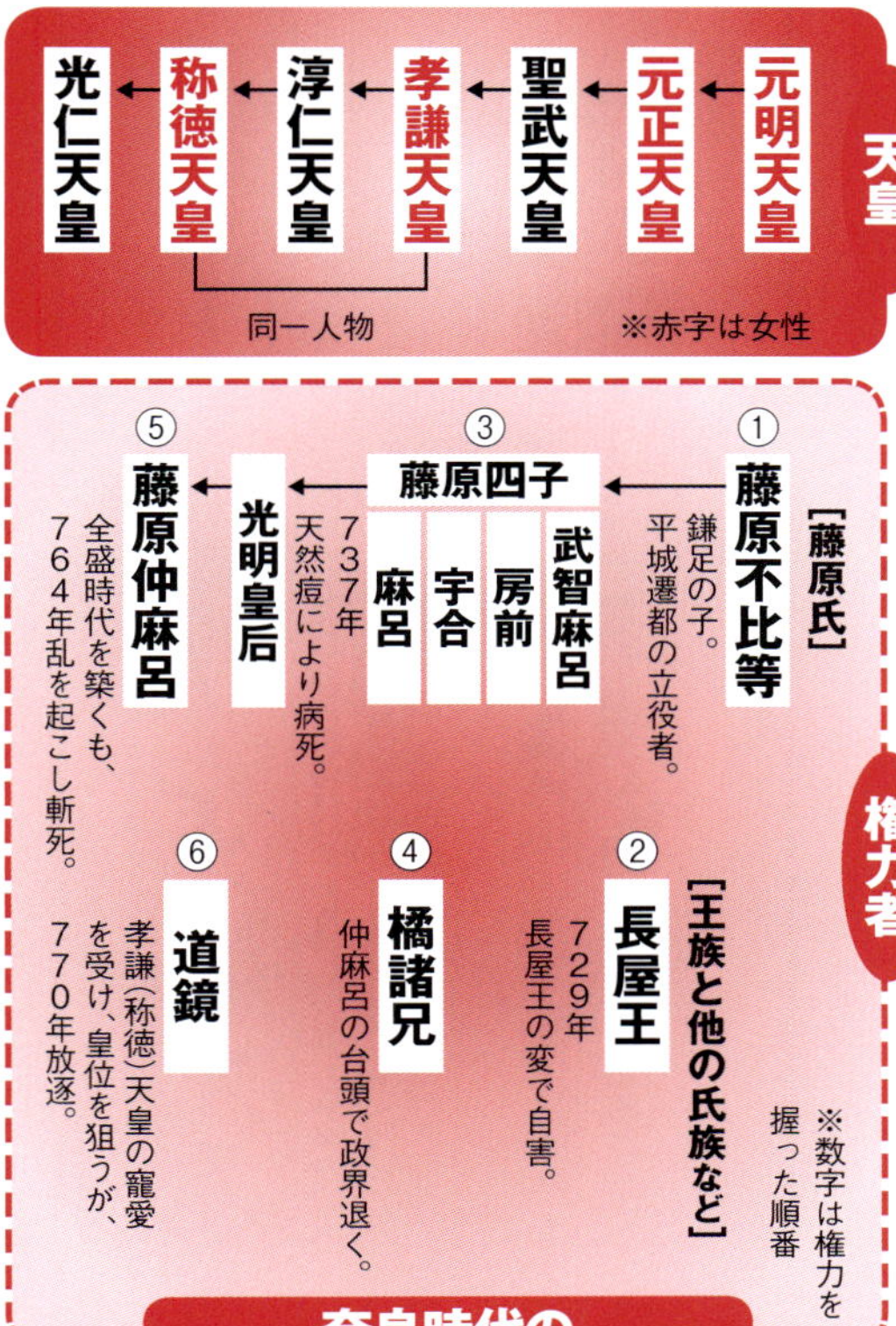

奈良時代の権力者たちの移り変わり

古寺を訪ねる

天平の息吹を伝える鑑真和上が開いた寺 唐招提寺《とうしょうだいじ》

現存最大の天平建築である雄大な金堂

12年をかけてたどりついた鑑真が平城の都に創建

ひとりの僧侶が、その思いを込めてつくりあげた寺。唐招提寺はそんな寺院である。中国の高僧、鑑真和上《がんじんわじょう》が聖武《しょうむ》天皇の招聘《しょうへい》に応えて平城京にたどりついたのは754年（天平勝宝《てんぴょうしょうほう》6）、67歳の時のこと。5度の渡海の失敗とそのための失明を乗り越えての来日で、最初の渡海から12年後、聖武天皇は上皇となっていた。

鑑真が平城京の西側の地に唐招提寺を創建したのは、来日から5年後の759年（天平宝字《てんぴょうほうじ》3）。「招提」とは仏のもとに修行する人たちという意味。仏教の戒律を伝える拠点、律宗《りっしゅう》の研究道場としてその歴史が始まった。

南大門をくぐり、乾いた玉砂利を踏みながら歩いていくと、正面に金堂が参拝客を迎えてくれる。現存する奈良時代の建物としては最大で、当時の本格的な金堂の唯一の遺構。風格たっぷりの大屋根と太い円柱がなんとも壮大である。

金堂の背後には平城宮の朝集殿《ちょうしゅうでん》を移築した講堂が、その中間には東に鼓楼《ころう》、西に鐘楼《しょうろう》が向かい合う。鼓楼の東には礼堂《らいどう》、宝蔵、経蔵が立つ。奈良時代から鎌倉時代にかけて、時の朝廷や権力者などによって徐々に整えられていった。華やかではないが、歴史の流れを感じさせる伽藍《がらん》である。

天平時代を彷彿させる仏教彫刻の数々

唐招提寺は、仏像をはじめとする仏教美術品の宝庫でもある。

金堂の本尊、盧舎那仏《るしゃなぶつ》坐像《ざぞう》は、奈良時代のもの。日の光のように世界を照らすとい

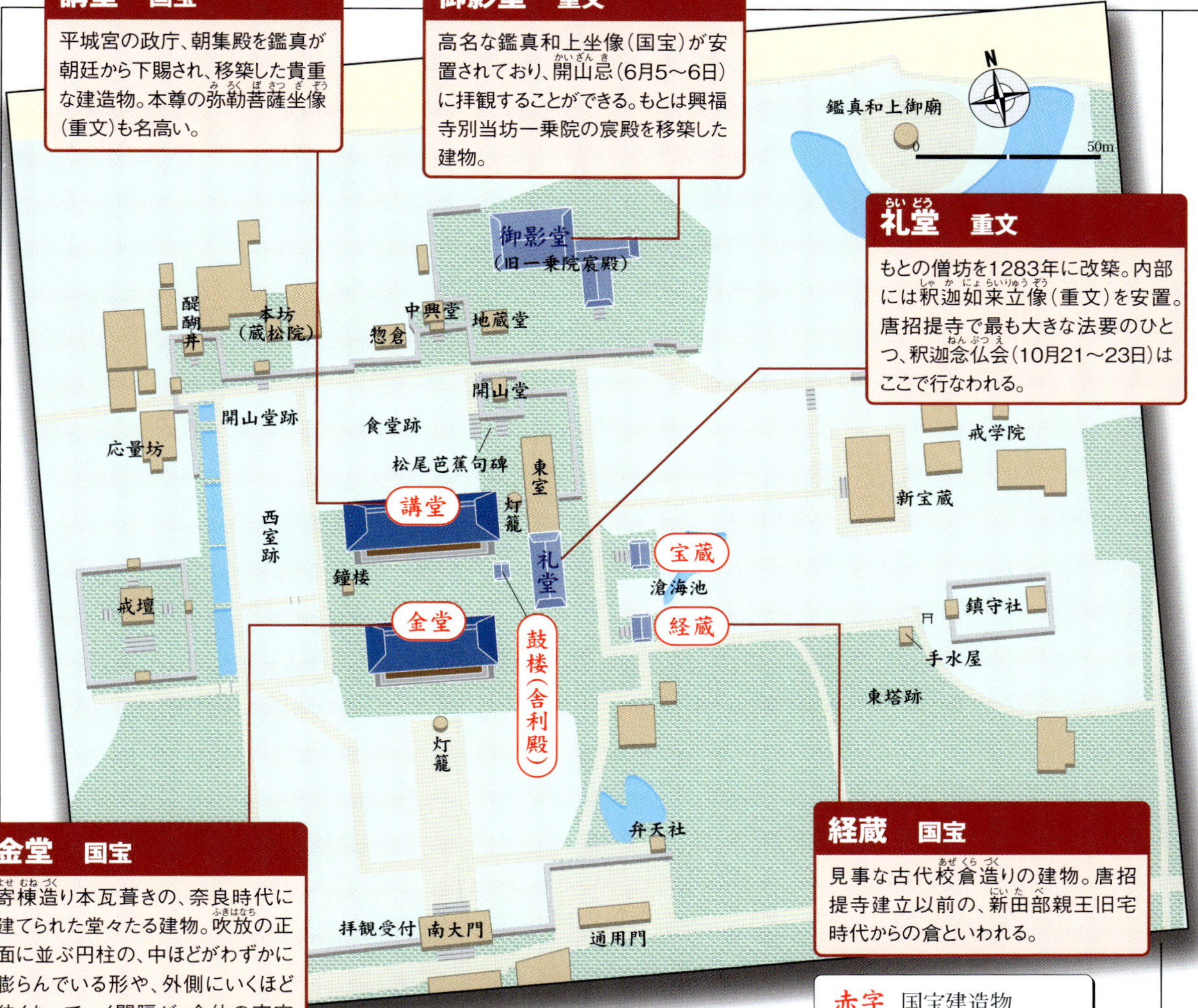

講堂　国宝

平城宮の政庁、朝集殿を鑑真が朝廷から下賜され、移築した貴重な建造物。本尊の弥勒菩薩坐像《みろくぼさつざぞう》（重文）も名高い。

御影堂《みえいどう》　重文

高名な鑑真和上坐像（国宝）が安置されており、開山忌《かいざんき》（6月5〜6日）に拝観することができる。もとは興福寺別当坊一乗院の宸殿を移築した建物。

礼堂《らいどう》　重文

もとの僧坊を1283年に改築。内部には釈迦如来立像《しゃかにょらいりゅうぞう》（重文）を安置。唐招提寺で最も大きな法要のひとつ、釈迦念仏会《ねんぶつえ》（10月21〜23日）はここで行なわれる。

金堂　国宝

寄棟造《よせむねづく》り本瓦葺きの、奈良時代に建てられた堂々たる建物。吹放《ふきはなち》の正面に並ぶ円柱の、中ほどがわずかに膨らんでいる形や、外側にいくほど狭くなっていく間隔が、全体の安定感とスケールの大きさを生み出している。

経蔵　国宝

見事な古代校倉造《あぜくらづく》りの建物。唐招提寺建立以前の、新田部《にいたべ》親王旧宅時代からの倉といわれる。

赤字　国宝建造物
青字　重要文化財建造物

う御仏《みほとけ》を見事に具現化した。二重円の光背は、864体の化仏で埋め尽くされている。同じく金堂に安置される千手観音立像《せんじゅかんのんりゅうぞう》は、日本最古最大の千手観音像である。

鑑真の死去は763年（天平宝字7）。師の死期が近いことを悟った弟子の忍基《にんき》により造られた鑑真和上坐像は、日本最古の肖像彫刻として御影堂《みえいどう》に安置されている。

当時は開山堂にあった鑑真和上坐像（※現在、開山堂にはお身代わり像を安置）を拝して、その慈愛に満ちた面差しに打たれた松尾芭蕉《まつおばしょう》は、「若葉して　御目《おんめ》の雫《しずく》　拭《ぬぐ》はばや」の句を遺した。開山堂前にはこの句を刻んだ碑が立っている。

唐招提寺《とうしょうだいじ》

【宗派】律宗総本山
【創建】759年（天平宝字3）

◆アクセス

奈良県奈良市五条町13-46
電話：0742-33-7900
交通：近鉄橿原線西ノ京駅から徒歩8分。

平城宮跡・西ノ京周辺

宮跡周囲に点在する奈良の都の面影をたどる

平城京の宮跡《きゅうせき》は現在、広大な広場として保存されている。周辺には当時の寺宝を伝える古刹《こさつ》も点在。その西側の「西ノ京」とよばれる地には、奈良を代表する大寺院が連なり、散策道が整備されている。

平城宮跡周辺を訪ねる

近鉄新大宮《しんおおみや》駅からしばらく北へ進むと一条通《いちじょうどおり》と交差する。この道が奈良時代の南一条大路。平城宮《へいじょうきゅう》を挟んで東大寺と西大寺とを繋《つな》ぐ、当時のメインストリートのひとつだった。

まずは、北にある**不退寺**《ふたいじ》を拝観。平城《へいぜい》天皇の御所跡で、孫にあたる在《あり》原業平《わらのなりひら》ゆかりの寺でもある。四季折々に花の美しい寺として有名だ。

ここから一条通に戻って西へ進むと、光明《こうみょう》皇后が総国分尼寺《そうこくぶんにじ》として創建した**法華寺**《ほっけじ》に出る。十一面観音像（国宝）で名高い。北側にある**海龍王寺**《かいりゅうおうじ》もまた皇后の勅願《ちょくがん》寺。西金堂《にしこんどう》には天平《てんぴょう》時代の五重小塔が安置されている。

平城宮跡へは海龍王寺門前の道を北へ向かい、左折して遺構展示館前から入る。第二次大極殿《だいごくでん》跡、東院《とういん》庭園と進み、朱雀門《すざくもん》を見てから、第一次大極殿へ。平城遷都1300年祭が行なわれた2010年に復元された壮大な建物を見学し、平城宮跡資料館へ向かうと効率がいい。

平城宮跡の西には秋篠《あきしの》川が流れる。この川に沿って北へ向かえば、伎芸天《ぎげいてん》立像《りゅうぞう》（重文）で知られる**秋篠寺**《あきしのでら》に至る。

8000 ㎡の敷地に石組み築山や建物が復元された平城宮東院庭園

拝観後は歴史の道の道標に従い**西大寺**《さいだいじ》へ。平安遷都後は衰退してしまったが、往時の威容は、本堂前の、東塔跡の巨大な基壇などに見ることができる。拝観後は東へ向かい、大和西大寺《やまとさいだいじ》駅にゴールする。

西ノ京の2つの大寺

大和西大寺駅から西大寺を横に見ながら南へ進むと、菅原《すがわら》の集落に入る。菅原道真《みちざね》の生地ともいわれる一帯で、中程には道真とその祖先の野見宿禰《のみのすくね》らをまつる**菅原天満宮**が立つ。

向かいの寺は、行基《ぎょうき》の開基と伝わる**喜光寺**《きこうじ》。本堂は室町時代の再建だが、東大寺大仏殿を建立するにあたり、試作用に10分の1の大きさでつくったという伝承があり、「試みの大仏殿」とよばれている。

さらに南へ下ると**垂仁天皇陵**《すいにん》が現れる。壕《ほり》の中には、勅命を受け、常世《とこよ》の国に不老不死の果実を探しに行ったという田道間守《たじまもり》の墓が浮かぶ。

このあたりからはのどかな田園風景。東に若草山を望みながらさらに進むと**唐招提寺**《とうしょうだいじ》、さらに土壁の道をたどると**薬師寺**《やくしじ》に至る。どちらも見どころが多いので、ゆとりをもって拝観したい。薬師寺から西へ向かえば、西《にし》ノ京《のきょう》駅に到着する。

おすすめ探訪コース

所要時間 約5時間
※地図上の━ルート

新大宮駅 → 徒歩15分 → 不退寺 → 徒歩15分 → 法華寺 → 徒歩5分 → 海龍王寺 → 徒歩10分 → 平城宮跡 → 徒歩30分 → 秋篠寺 → 徒歩25分 → 西大寺 → 徒歩3分 → 大和西大寺駅

【アクセス】 **近鉄奈良駅**から近鉄奈良線で2分、新大宮駅下車。**大和西大寺駅**から近鉄奈良線で5分、近鉄奈良駅下車。

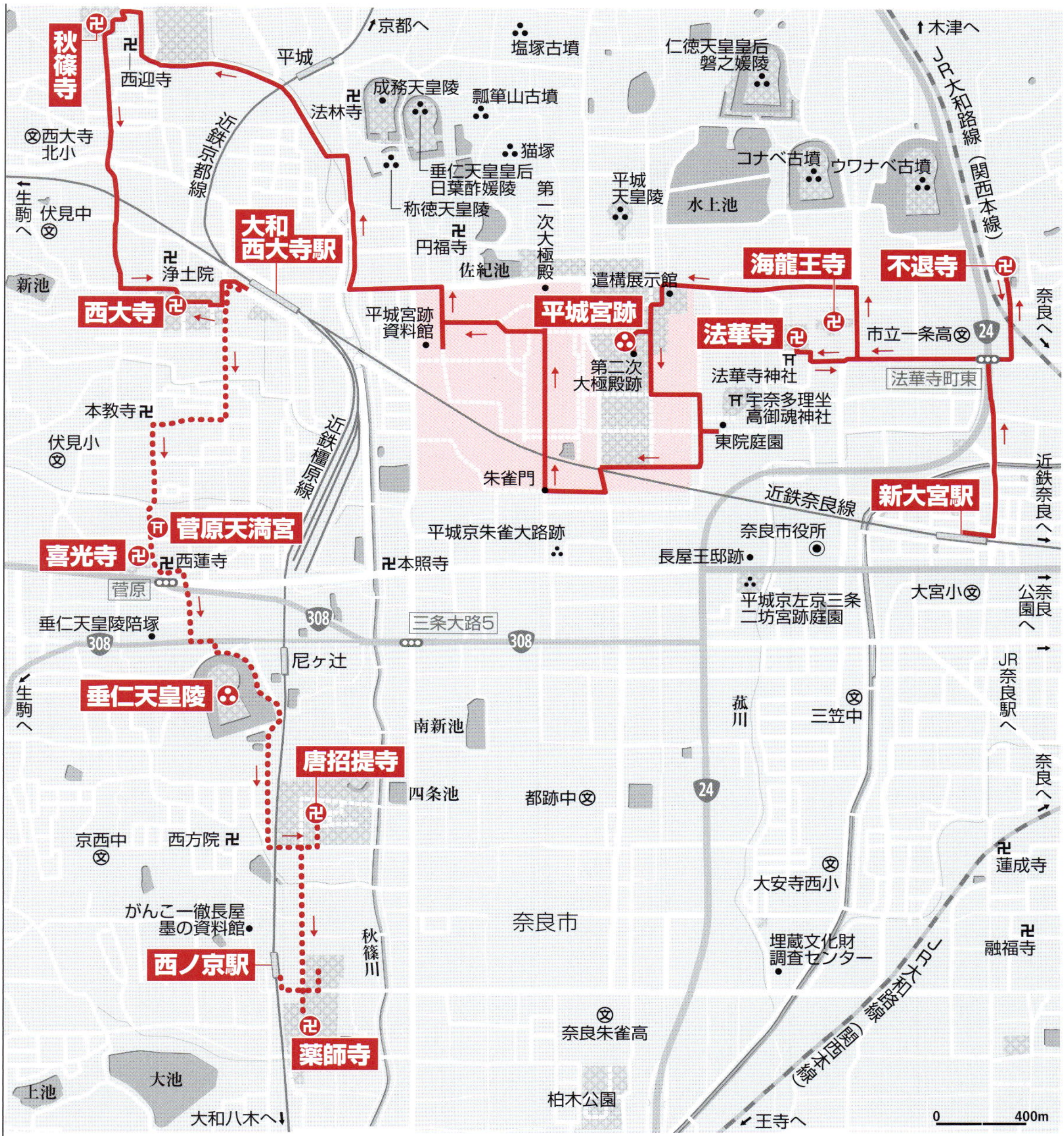

おすすめ探訪コース

所要時間 約4時間

※地図上の……ルート

大和西大寺駅
徒歩3分
西大寺
徒歩15分
菅原天満宮
徒歩すぐ
喜光寺
徒歩10分
垂仁天皇陵
徒歩10分
唐招提寺
徒歩8分
薬師寺
徒歩すぐ
西ノ京駅

【アクセス】**近鉄奈良駅**から近鉄奈良線で5分、大和西大寺駅下車。**西ノ京駅**から近鉄橿原線で4分、大和西大寺駅で乗り換えて近鉄奈良線で5分、近鉄奈良駅下車。

和歌が伝える古代人の心
奈良・飛鳥歌碑めぐり

飛鳥、奈良時代の人々の見聞と情感の一大集成が『万葉集』。およそ5分の1が奈良県内を舞台としており、現在各地に立つ歌碑には、特に名歌が選ばれていて、往時をしのばせてくれる。

1

三輪山《みわやま》を 然《しか》も隠すか 雲だにも 心あらなも 隠さふべしや　**額田王**《ぬかたのおおきみ》

（巻一／18） ※桜井市内芝運動公園内（川端康成書）

▼667年、近江遷都のときに詠《よ》まれた歌。雲を擬人化することで、信仰の山・三輪山への惜別、住み慣れた大和国を去る寂しさがにじみ出ている。

2

よき人の よしとよく見て よしと言ひし 吉野《よしの》よく見よ よき人よく見　**天武天皇**《てんむ》

（巻一／27） ※吉野町内近鉄吉野駅前（犬養孝書）

▼679（天武8）年、天武天皇が吉野に行幸したとき、同行した6人の皇子たちに「よき人であれ」と異心のないことを誓わせた歌。

3

采女《うねめ》の 袖《そで》吹き返す 明日香風《あすかかぜ》 京《みやこ》を遠《とお》み いたづらに吹く　**志貴皇子**《しきのみこ》

（巻一／51） ※明日香村内甘樫丘《あまかしのおか》中腹（犬養孝書）

▼藤原京遷都後、古都の飛鳥を訪れて詠《よ》まれた。采女（天皇の側に仕えた美しい女官）たちの袖を翻していた風も空しく吹く、という深い懐旧をたたえた歌。

4

うつそみの 人なる我《あれ》や 明日《あす》よりは 二上山《ふたがみやま》を 弟《いろせ》と我《あ》が見む　**大伯皇女**《おおくのひめみこ》

（巻二／165） ※桜井市内吉備池堤（小倉遊亀書）

▼天武《てんむ》天皇の皇女大伯皇女が、謀反の罪で処刑された同母弟・大津《おおつ》皇子をしのんだ歌。皇子の亡骸《なきがら》は二上山に埋葬されたという。

5

衾道《ふすまぢ》を 引手《ひきで》の山に 妹《いも》を置《お》きて 山道《やまぢ》を行《ゆ》けば 生《い》けりともなし　**柿本人麻呂**《かきのもとのひとまろ》

（巻二／212） ※天理市内山の辺の道沿い（犬養孝書）

▼結句は「自分が生きていると思えない」の意味で、妻の死を嘆き、亡骸と別れた悲しみを歌う。「衾道」は天理市の衾田《ふすまだ》陵周辺、「引手の山」は天理市と桜井市にまたがる龍王山とされる。

6

あをによし 奈良の都は 咲く花の 薫《にほ》ふがごとく 今盛りなり　**小野 老**《おののおゆ》

（巻三／328） ※奈良市内朱雀大路緑地（高田好胤書）

▼「奈良」の枕詞「あをによし」で始まる歌の中で最も有名な一首。大宰府（福岡県）に赴任中の老《おゆ》が、奈良の都をなつかしんで詠《よ》んだ歌といわれる。

7

故郷《ふるさと》の 明日香《あすか》はあれど あをによし 奈良の明日香を 見らくし良しも　**大伴坂上郎女**《おおとものさかのうえのいらつめ》

（巻六／992） ※奈良市内瑜伽《ゆうが》神社境内（類聚古集）

▼平城遷都により、蘇我馬子が飛鳥に創建した元興寺など多くの寺が移建された。歌碑のある瑜伽神社は、元興寺にほど近い。

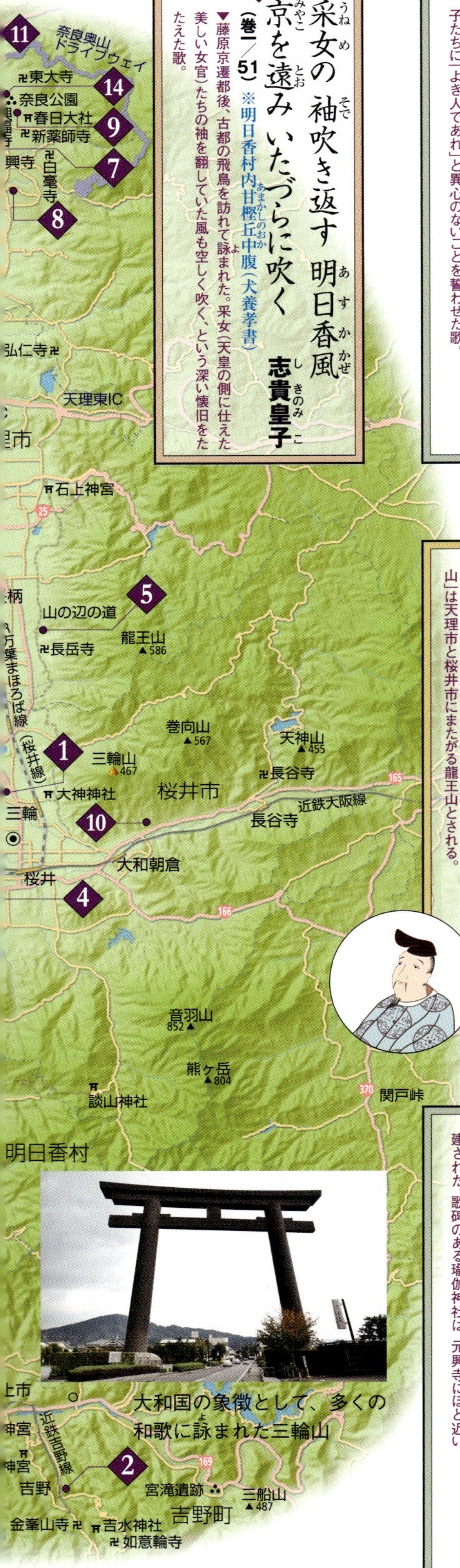

大和国の象徴として、多くの和歌に詠まれた三輪山

＊青字は、歌碑所在地。（　）内は、揮毫者名。

8

春の野に すみれ摘《つ》みにと 来《こ》し我《われ》そ 野をなつかしみ 一夜《ひとよ》寝にける

山部赤人《やまべのあかひと》

（巻八／1424）※奈良市内和楽園《わらくえん》（大川靖則書）

▼野辺遊びを愛した万葉人らしい歌。「野をなつかしみ」は「野がなつかしくて」ではなく、「野に心引かれて」の意味。

9

秋の野に 咲きたる花を 指《およ》び折り かき数《かぞ》ふれば 七種《ななくさ》の花

山上憶良《やまのうえのおくら》

（巻八／1537）※奈良市内春日大社境内（愛川紫峯書）

▼「秋の七種」を詠んだ歌。『万葉集』本文ではこの次に、「萩の花尾花《おばな》くず花なでしこが花をみなへしまた藤袴朝顔が花」という、七草各種を挙げた歌が続く。

10

夕《ゆふ》されば 小倉《をぐら》の山に 伏《ふ》す鹿し 今夜《こよひ》は鳴かず 寝《い》ねにけらしも

雄略天皇《ゆうりゃく》

（巻九／1664）※桜井市内春日神社東側（平澤興書）

▼「小倉の山」は諸説あって未詳。巻八には舒明《じょめい》天皇の歌として3句目が「鳴く鹿は」以外全く同じ歌があり、愛誦された調べだったと考えられる。

11

見渡せば 春日《かすが》の野辺《のへ》に 霞《かすみ》立ち 咲きにほへるは 桜花かも

作者未詳

（巻十／1872）※奈良県庁東交差点（元暦校本）

▼「春日の野辺」とは、現在の奈良公園一帯。当時から行楽の地であり、春の訪れの喜びが感じられる歌。

12

春柳《はるやなぎ》 葛城《かづらき》山《やま》に 立つ雲の 立ちても居《ゐ》ても 妹《いも》をしそ思ふ

作者未詳

（巻十一／2453）※☒城市内柿本《かきのもと》神社境内（野村吉次書）

▼「立ってもすわってもあの娘のことばかり思う」という情熱的な恋の歌。

13

夕《ゆふ》されば ひぐらし来《き》鳴《な》く 生駒山《いこまやま》 越えてそ我《あ》が来る 妹《いも》が目を欲《ほ》り

秦間満《はたのはしまろ》

（巻十五／3589）※生駒市内大瀬中学校前（犬養孝書）

▼遣新羅使だった作者が、難波での出航待ちの合間に奈良に向かう歌。生駒山を越えてひと目妻に会いたいという熱情が伝わってくる。

14

うらうらに 照れる春日《はるひ》に ひばり上がり 心悲しも ひとりし思へば

大伴家持《おおとものやかもち》

（巻十九／4292）※奈良市内氷室《ひむろ》神社境内（藤岡都逕書）

▼うららかに照り映え、ひばりが舞う。そんな春の情景に、ふと感じた孤独感。近代短歌のような味わいをもつ秀歌。

※万葉集の書き下し文は、『新編 日本古典文学全集』（小学館）を参照しています。

『万葉集』と奈良のみやこ

日本に現存する最古最大の歌集

飛鳥《あすか》時代から奈良時代までの歌を集めた『万葉集』。現存する日本最古の歌集で、全20巻、約４５００首は、歌集として最大の分量でもある。

成立年代は不明だが、編纂《へんさん》には奈良時代初期の歌人、大伴家持《おおとものやかもち》（７１８？～７８５）が関わっている。

大きな特色は、天皇や貴族から名もなき民衆まで、５００名近い作者の歌が収録されていること。もうひとつの特色は、原文はすべて漢字のみで書かれていることである。たとえば、全巻の最後に置かれた家持の歌、

新《あらた》しき年の初めの初春《はつはる》の
今日降る雪のいやしけ吉事《よごと》
（巻二十／４５１６）

は、原文では「新　年乃始乃　波都波流能　家布敷流由伎能　伊夜之家余其騰」と書かれている。「かな」文字が普及する以前の表記法である。

歌の調べや、詠《よ》まれた景物の微妙な違いと同時に、平安時代以後の『古今和歌集』など多くの勅撰《ちょくせん》和歌集との明らかな差異は、この2点だろう。また、５・７を3回以上繰り返して７・７で締めくくる長歌なども収録されているが、時代が新しくなるほど５・７・５・７・７の短歌中心になっていく。

多様な形式と多様な階層の作者たちによる、古代人の豊かな情感の集積、それが『万葉集』なのである。

「歌聖」と称された柿本人麻呂

数世代にわたる万葉歌人のなかで、最も代表的なひとりが、柿本人麻呂《かきのもとのひとまろ》。生没年は未詳だが、飛鳥の宮廷歌人として天武《てんむ》朝～文武《もんむ》朝に活躍した。「人麻呂作」とされる約80首のほか、「人麻呂歌集」より収録したと注記される歌を含めると４００首を超える。

巻二に収められた赴任先の石見国《いわみ》（島根県）から帰京する際の「相聞《そうもん》歌《か》」（妻との別離の歌）、皇子たちへの「挽歌《ばんか》」（死を悼《いた》む歌）などが代表作で、特に長歌形式において頂点を築いた。また、枕詞《まくらことば》や序詞《じょことば》などを駆使した格調高い歌風は、短歌主流となった後世でもその影響は大きく、奈良時代すでに規範とされたらしい。

山の辺の道にある柿本人麻呂の歌碑

平安時代に入り、『古今和歌集』の序文で「歌のひじり（歌聖）」と称揚されて、神格化が決定した。奈良県葛城《かつらぎ》市の柿本神社をはじめ、近畿地方以外でも、人麻呂をまつる神社は、現在、何社も残されている。

なお、各地の柿本神社は防火の神でもある。これは人麻呂が「人丸《ひとまる》」とも書かれたためで、「火止まる」に由来する。

奈良の都をたたえた「あをによし」

枕詞は、特定の語にかかる決まった修飾語。万葉時代盛んに用いられた。語調を整えるだけで、修飾の意味の実体が失われたものも多い。

そのなかで、「奈良」（平城京）にかかる有名な枕詞が「あをによし」。この枕詞の由来は、奈良の都の建物が「青《あお》と丹《に》（朱色）」で美しく彩られていたから、という説がある。

山々に囲まれた平坦な奈良盆地にあって、都城の鮮やかな建築群は、たいへん際立っていた。華やかな都へのあこがれ、愛着が「あをによし」の一語に織り込まれているともいえよう。「あをによし」で始まる歌は、『万葉集』に11首収められている。小野《おのの》老《おゆ》の歌（↓Ｐ50）が名高いが、

あをによし
奈良の都にたなびける
天《あま》の白雲《しらくも》見れど飽かぬかも
（巻十五／３６０２）

も、情景が目に浮かぶ名歌のひとつ。

地名を修飾する枕詞は、他にもあり、「そらみつ（大和《やまと》）」、「飛ぶ鳥の（明日香《あすか》）」、「味酒《うまさけ》（三輪）」「春柳（葛城山）」などが代表的である。

飛鳥から藤原京へ

「多武峯縁起絵巻」（談山神社所蔵）

山々に囲まれた 飛鳥と藤原京

山々に囲まれた奈良盆地の南に、豪族たちによる連合政権「ヤマト（大和）朝廷」が誕生したのは4〜5世紀頃という。6〜7世紀の、蘇我《そが》氏や物部《もののべ》氏など豪族の興亡、天智《てんじ》・天武《てんむ》天皇による中央集権体制の強化なども、主な舞台は飛鳥《あすか》である。

694年（持統8）、持統《じとう》天皇は飛鳥浄御原宮《あすかきよみはらのみや》から、当時「新益京《しんやくのみやこ》」とよばれた藤原京に遷都した。日本で最初の碁盤目状に区画された、条坊制を導入した都であり、近年の発掘・研究で、都城の東西は5キロメートルを超え、のちの平城京（→P10、18）以上の規模をもっていたことが有力視されている。

平城遷都まで16年の「首都」であったが、この間に「大宝律令《たいほうりつりょう》」の発布がなされ、中央と地方を統治する律令制の基盤が築かれた。

下《しも》ツ道

古代の官道のひとつ。のちに築かれた平城京の中央を貫く朱雀《すざく》大路に続いていた（→P18）。

三輪山《みわやま》

古来、神が降臨する地とされた聖山。山中には古代祭祀《さいし》の跡が残り、山麓《さんろく》には山自体をご神体とする大神《おおみわ》神社が鎮座する（→P78）。

伝飛鳥板蓋宮《あすかいたぶきのみや》

古代飛鳥の中心地だった場所で、乙巳《いっし》の変（→P56）の舞台となった板蓋宮があったとされる。ほぼ同じ地域から、飛鳥岡本宮《おかもとのみや》や後《のちの》飛鳥岡本宮、飛鳥浄御原宮《きよみはらのみや》の複数の宮跡が重なり発見されている。

斑鳩《いかるが》

聖徳太子（厩戸《うまやと》皇子）の「斑鳩宮」があった地（→P58）。太子はここから飛鳥の宮都まで通い、推古《すいこ》天皇の摂政《せっしょう》として朝政を行なったといわれる。

二上山《にじょうざん》

北の雄岳《おだけ》と南の雌岳《めだけ》からなる。飛鳥びとにとって太陽が沈む西方に聳《そび》える山であり、「ふたかみやま」とよばれ古来より神聖視されてきた。山麓は難波潟《なにわがた》（大阪湾）に通ずる要衝であった。（→P78）

藤原宮《ふじわらきゅう》

約1km四方あり、日本で初めて瓦葺きの宮殿が築かれた。約1万点の木簡が出土している。

大和三山《やまとさんざん》

[畝傍《うねび》山·耳成《みみなし》山·天香具《あめのかぐ》山]

飛鳥の人々に特に敬慕された山々（→P66）。藤原宮は、この三山に守られるように築かれている。

古代最大のクーデターと内乱

7世紀半ば、大和政権は動乱が続いた。蘇我《そが》氏を滅ぼし、「大化の改新」で天皇中心の律令体制を強力に進めた天智《てんじ》天皇（中大兄皇子《なかのおおえ》）の死後、実弟大海人《おおあま》と、実子大友《おおとも》の皇子同士が争う「壬申《じんしん》の乱」が勃発する。勝利者大海人皇子は天武《てんむ》天皇となり、さらなる体制強化に努めた。

645年（皇極4）

宮殿で起きた「乙巳の変」！蘇我氏滅亡 真の主役は鎌足？

藤原鎌足

643年（皇極《こうぎょく》2）、聖徳太子の遺児、山背大兄王《やましろのおおえ》とその一族は蘇我入鹿《そがのいるか》の命で襲撃され、全員が斑鳩《いかるが》で自害する。蘇我氏の専横は頂点に達した。かかる横暴に反感を抱いたのが中級官人だった**中臣鎌足**《なかとみのかまたり》である。

鎌足は、政権から遠ざけられていた**中大兄皇子**《なかのおおえ》に近づき、蘇我氏傍系の倉山田石川麻呂《くらやまだのいしかわまろ》とクーデターを計画した。645年（皇極4）6月12日、皇極《こうぎょく》天皇も臨席した大極殿《だいごくでん》（飛鳥板蓋宮《あすかいたぶきのみや》）での儀式の最中、中大兄自らが斬りつけ、入鹿は殺害された。入鹿の父・蝦夷《えみし》は邸に火を放って自害し、ここに大和朝廷で権勢をほしいままにしていた蘇我氏本家は滅亡する。クーデターは、干支《えと》にちなみ「**乙巳《いっし》の変**」とよばれる。

6月14日、孝徳《こうとく》天皇が即位。中大兄は皇太子となり、鎌足は新政権の中枢に加わった。翌646年（大化《たいか》2）、「**改新の詔**《みことのり》」が発せられ、律令政治の根本制度が整えられていった。

以上は、720年（養老4）に成立した『日本書紀』、いわゆる正史に基づいている。その記述内容は、鎌足の嫡子・藤原不比等《ふひと》の影響もあるとされる。「改新の詔」にある公地公民や班田収授などの新税法が、実際にこのときに定められ、実行されたかについては、疑問の声も多い。むしろ当時の改革は、地方政治の整備が中心だったとする説もある。

クーデターの立案者・鎌足は、その功績により、大和国の地名「**藤原**」を姓とすることを許され、その末裔《まつえい》が奈良・平安時代に大いに繁栄した。

白村江の戦い

壬申の乱の遠因？

663年（天智2）、中大兄皇子は、新羅《しらぎ》と唐《とう》に滅ぼされた百済《くだら》の復興を図るため、兵を送る。日本からの援軍を得た百済復興軍は、一度は新羅軍を駆逐《くちく》するが、白村江《はくそんこう》河口の会戦で大敗を喫した。日本からの軍船1000隻のうち400隻余りを失い、日本軍は亡命を希望する百済の民を連れて、帰国した。

敗戦後、新羅や唐との国交は間もなく回復するが、中大兄皇子は玄界灘や瀬戸内海沿岸の防備を固め、飛鳥から近江《おうみ》（大津）へ遷都した。こうした施策は豪族に多大な負担を負わせることになり、体制への不満が募っていくこととなった。

なお、中大兄皇子は661年、斉明《さいめい》天皇没後に実質的な天皇となったが、正式な即位は668年のこと。この間を「称制《しょうせい》」という。

672年（天武1）

皇位を賭けて争った叔父と甥「壬申の乱」勃発

新体制を推進した中大兄皇子は、667年（天智6）、人心一新を図るため、大和国飛鳥《あすか》から近江国大津（滋賀県）に遷都し、翌年正式に即位した。**天智《てんじ》天皇**である。4年後、病床にあった天皇は、大津宮の寝所に実弟の皇太子、**大海人《おおあま》皇子**をよび、後事を託そうとする。だが、真意を疑う大海人は、天皇寵愛《ちょうあい》の皇子で太政大臣の**大友《おおとも》皇子**を推薦。自らは出家して吉野（奈良県）に下った。

2か月後の671年12月、ついに天智天皇が崩御。後継は大友皇子だったが、翌672年6月、大海人皇子は隠棲していた吉野を出発、美濃《みの》国（岐阜県）に入って挙兵する。

天智天皇から大友皇子に継承された政権は、朝廷の内外で必ずしも心服されていなかったとも、また、大海人の存在を恐れた大友側の挑発があったともいう。ともあれ、叔父と甥《おい》の双方が、近畿はもとより、東西各地の豪族に挙兵を要請した結果、古代日本最大の内乱が勃発した。この年の干支から、「**壬申《じんしん》の乱**」とよぶ。

1か月にわたった戦闘は、瀬田（滋賀県）の戦いで勝敗が決し、7月23日、大友皇子は自害した。大海人皇子は翌673年2月、大和の飛鳥浄御原宮《あすかきよみはらのみや》で即位した。**天武《てんむ》天皇**である。

なお『日本書紀』に大友皇子の即位の記述はなく、明治時代に入って弘文《こうぶん》天皇と追号され、歴代に加えられた。

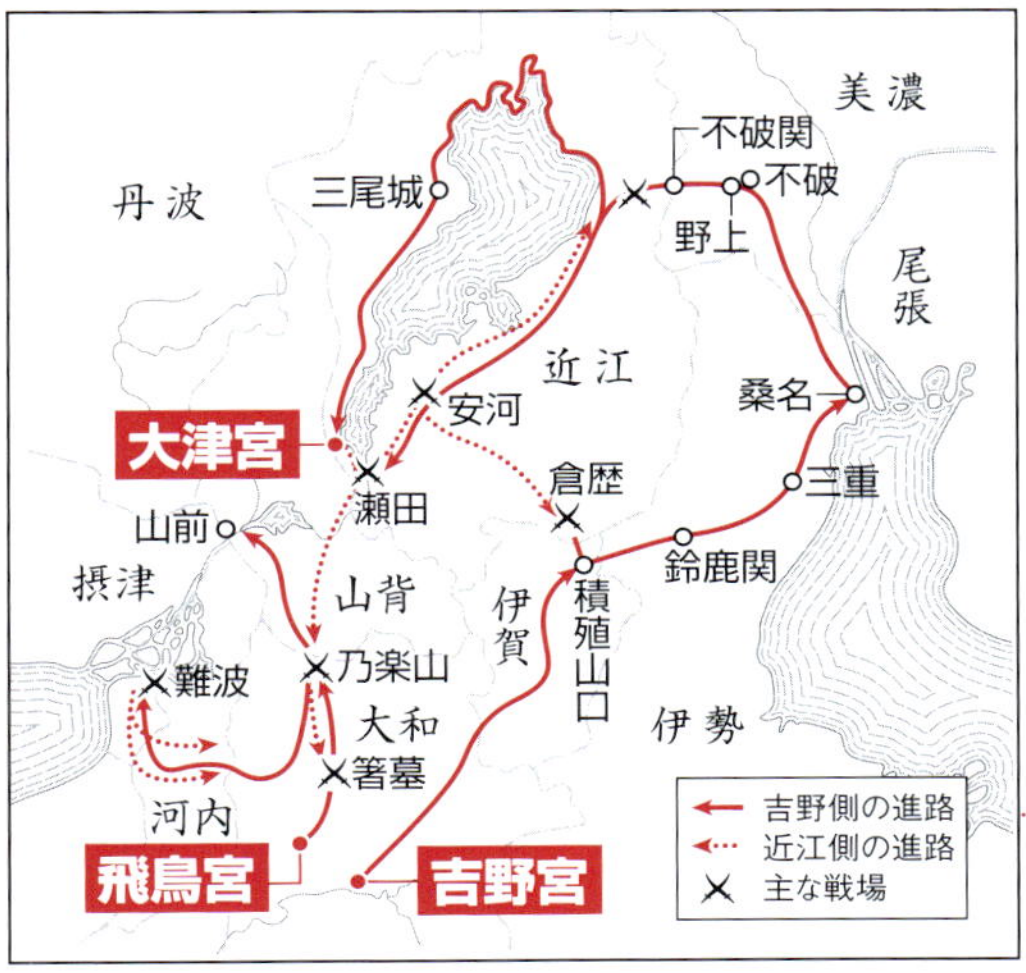

天皇家・蘇我氏関係系図

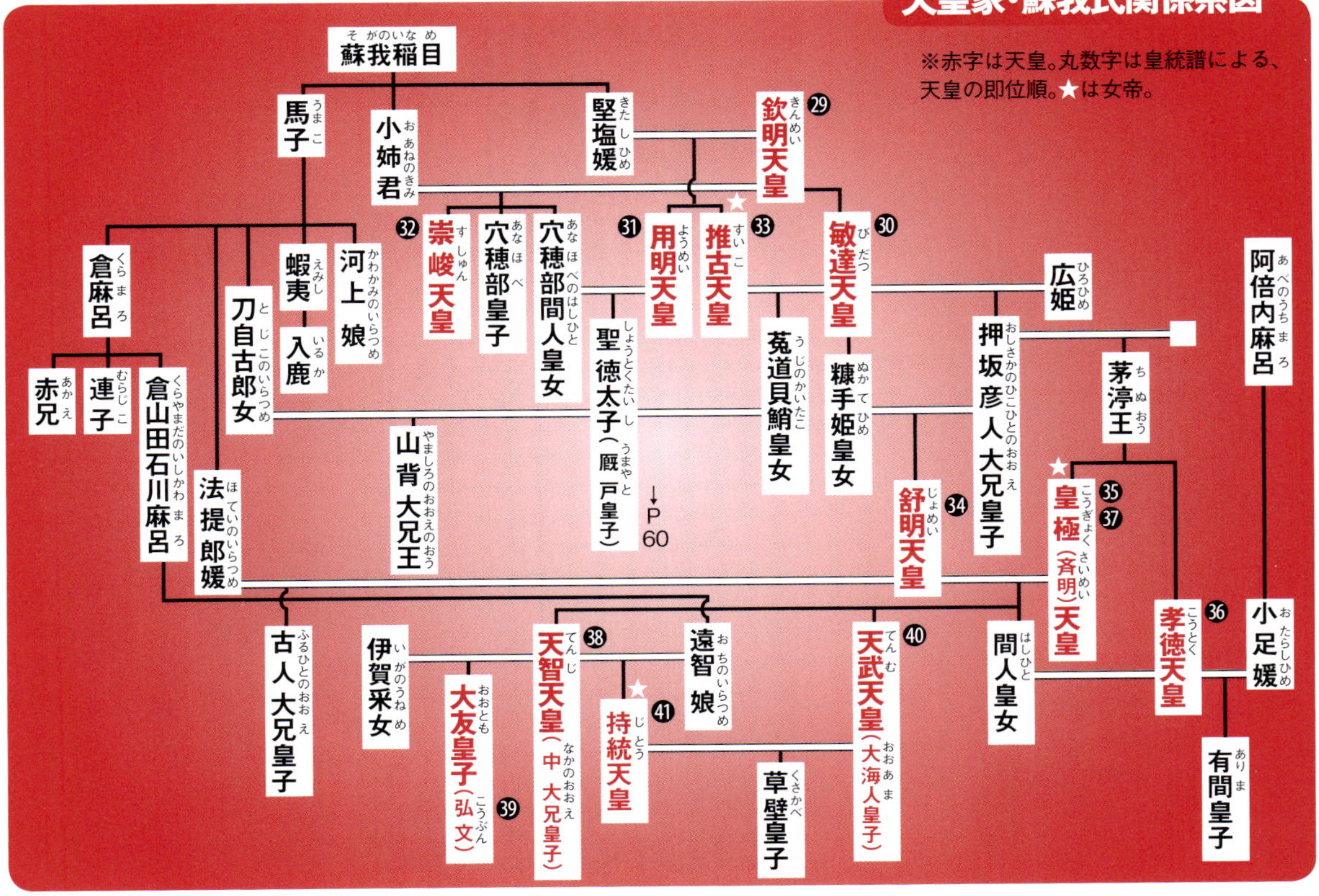

法隆寺とその周辺
斑鳩の里

聖徳太子《しょうとくたいし》（厩戸皇子《うまやと》）とその一族が暮らし、日本仏教が育まれた地、斑鳩《いかるが》。法隆寺をはじめとしたいくつもの名刹《めいさつ》に加え、周辺にも太子ゆかりの旧跡が残っている。

矢田寺の境内には１万株もの紫陽花が植えられている

春には桜に彩られる郡山城跡

紫陽花《あじさい》で知られる
矢田寺（やたでら）

矢田寺は通称で、正しくは矢田山金剛山寺《こんごうせんじ》という。天武天皇の勅願《ちょくがん》で675年に創建。9世紀に本尊の延命地蔵菩薩《えんめいじぞうぼさつ》（重文）が安置されて以来、地蔵信仰の根本《こんぽん》道場として隆盛。

堂々たる石垣が残る
郡山城跡（こおりやまじょうあと）

1580年頃、筒井順慶《つついじゅんけい》が築城。のちに豊臣秀吉《とよとみひでよし》の弟秀長《ひでなが》が入城し、拡張された。江戸期には柳沢家15万石の主城となった。なお天守台には、平城京の羅城門の礎石の一部が用いられているという。

田園に静かに立つ
法起寺（ほうきじ）

山背大兄王《やましろのおおえのおう》が、父・聖徳太子の遺命で岡本宮《おかもとのみや》を寺に改めたもの。三重塔（国宝）は、わが国最古の仏教建築のひとつ。

多くの寺宝を守り伝える
法輪寺（ほうりんじ）

山背大兄王が、父・聖徳太子の病気平癒を願い建立したという。講堂に本尊薬師如来像《やくしにょらいぞう》（重文）をはじめ、多くの寺宝がところ狭しと並ぶさまは、圧巻。

日本最古の尼寺
中宮寺（ちゅうぐうじ）

聖徳太子が母の穴穂部間人《あなほべのはしひと》皇后の御所を寺に改めたのに始まると伝わる尼寺。本尊の菩薩半《ぼさつはん》跏像《かぞう》（国宝）で名高い。

法起寺の三重塔。秋にはコスモスが辺り一面に咲く

法隆寺の五重塔を望む

松尾寺本堂（重文）

厄除け観音で名高い
松尾寺（まつおでら）

舎人《とねり》親王が『日本書紀』編纂《へんさん》成就を祈願し創建。本尊の千手観音像《せんじゅかんのんぞう》（秘仏）は厄除《やくよ》け観音として知られる。

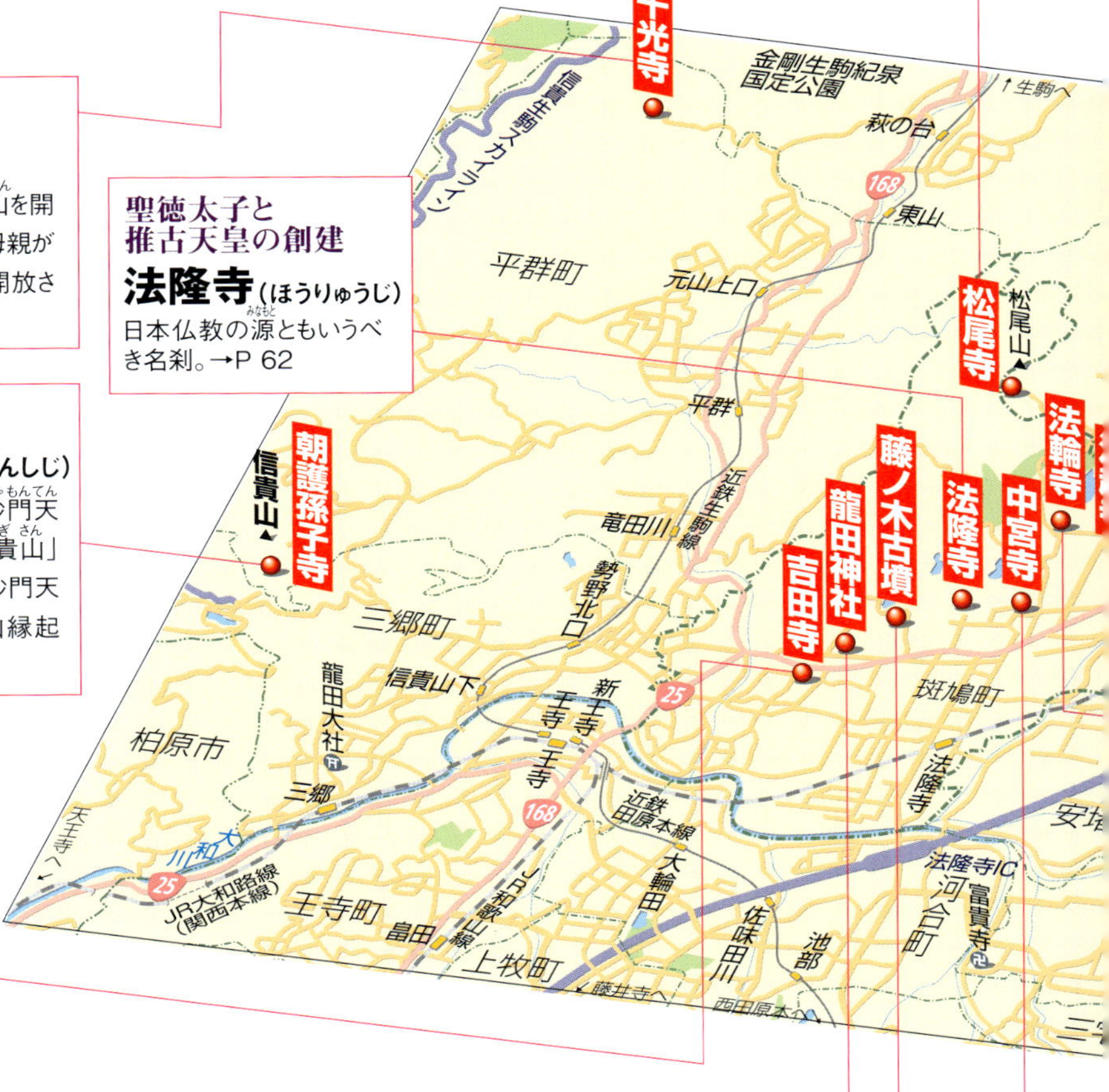

現在も修験道の霊場
千光寺（せんこうじ）

役行者《えんのぎょうじゃ》（役小角《えんのおづぬ》）が吉野の大峰山《おおみねさん》を開く前に修行した地という。行者の母親が修行した縁で、女性にも山内が開放された修験道の霊場である。

聖徳太子と推古天皇の創建
法隆寺（ほうりゅうじ）

日本仏教の源《みなもと》ともいうべき名刹。→P 62

聖徳太子、戦勝祈願の地
朝護孫子寺（ちょうごそんしじ）

物部《もののべ》氏追討の折、この地で毘沙門天《びしゃもんてん》に戦勝祈願した聖徳太子が「信貴山《しぎさん》」と命名、寺を建立したという。毘沙門天の霊験《れいげん》を伝える寺宝の「信貴山縁起絵巻」（国宝）は絵巻の傑作。

「ぽっくり寺」で知られる
吉田寺（きちでんじ）

平安時代の名僧・恵心僧都《えしんそうず》（源信）ゆかりの寺で、母親が臨終の折、祈願した衣を着せると苦しみを伴わず往生したことから「ぽっくり寺」とよばれる。本尊の阿弥陀如来像は重文。

龍田神社

法隆寺の鎮守
龍田神社（たつたじんじゃ）

聖徳太子が法隆寺を建立する際、龍田明神からのお告げで、三郷《さんごう》町《ちょう》の龍田大社から法隆寺の守護神をここに勧請《かんじょう》したという。

多くの副葬品が話題を集めた
藤ノ木古墳（ふじのきこふん）

1985年に発掘された円墳。全長が14.5mの横穴式石室の中に、朱塗りの石棺や金銅製の馬具などが発見されたが、被葬者は未詳。

スーパースター聖徳太子

多くの業績を成し遂げたとされる聖徳太子《しょうとくたいし》は、古代日本最大のスーパースターだった。仏教崇拝を推進し、「十七条憲法」の制定をはじめとする大きな政治改革が聖徳太子の功績とされるいっぽう、『日本書紀』などにおける太子の事績には多分に恣《し》意的な部分があり、太子の生涯には謎が多い。

574年（敏達3）

出生の逸話と聡明さを伝える敬称の数々 「厩戸皇子」誕生

6世紀後半、のちに「聖徳太子」の名で知られる、古代史上最も有名な皇子が飛鳥《あすか》で誕生した。

『日本書紀』によれば、用明《ようめい》天皇の第2子で、穴穂部間人《あなほべのはしひと》皇后の最初の男子とされる。皇后が宮中を巡行中に馬小屋の前で出産したため、「厩戸《うまやと》皇子」と名づけられたという。

この出生譚《しゅっしょうたん》については、イエス・キリストの馬小屋での生誕の逸話が、当時の中国を経由して日本に伝わり、影響を与えたという説もある。

『日本書紀』はまた、太子が誕生後すぐに言葉を話し、成人後は先見の明に溢れていたとも記す。聡明な太子を用明天皇はことのほか愛し、上宮《うえのみや》（桜井市上之宮付近）を与えた。

こうした経緯から「上宮厩戸豊聡《うえのみやうまやとのとよと》耳《みみ》皇子」とよばれた。「法主王《のりぬしのおおきみ》」という呼び名もあり、これは仏法に精通し、興隆に努めたことへの敬称と考えられる。

やがて、推《すい》古《こ》天皇の摂政《せっしょう》となり、蘇我《そがの》馬子《うまこ》とともに大和朝廷の中心的存在となった605年（推古13）、斑鳩《いかるが》に居を定めてからは、のちに太子道とよばれる道を飛鳥まで通い、政治を執り行なったという。

太子は、622年（推古30）に斑鳩宮で亡くなった。このとき、皇族から庶民まで、老若男女を問わずこの世の光を失ったようにその死を悼んだ、と伝える。墓所は「磯長陵《しながのみささぎ》」で、現在の叡福寺《えいふくじ》北古墳（大阪府太子町）とされている。

宮内庁蔵『聖徳太子二王子像』

仏教と儒教のいいところどり 憲法制定

聖徳太子が、有名な「和《わ》をもって貴《とうと》しとなす」に始まる十七条からなる憲法をつくったのは、604年（推古12）のことという。これは、官人や貴族の序列を定めた「冠位《かんい》十二階」が施行された4か月後のことであった。

また外交も重視し、大陸に「遣隋《けんずい》使《し》」を送っている。600年から15年間に4回派遣され、同行した留学生たちは多くの文物を持ち帰った。

これら諸施策の目的は、仏教を国家統治の基本的思想と定め、豪族間の対立を防ぎ、官僚制を充実・発展させることにあったとされる。

十七条憲法の条文には、「三宝《さんぼう》（仏・法・僧）を敬う」「懲悪勧善《ちょうあくかんぜん》」「信は義の本」など、当時中国から伝わった仏教と儒教から双方の影響、つまり信仰心と道徳心の推奨が認められる。また、いわゆる「承詔必謹《しょうしょうひっきん》」（詔《しょう》勅《ちょく》は謹んで必ず実行する）など、天皇を中心とした体制づくりを明文化し、役人や貴族に対する規範を示している。

十七条の憲法は、その全文が『日本書紀』に引用されているが、原本や写本は存在しない。このため、その成立については、『日本書紀』編纂《へんさん》時の創作、とする説もある。

聖人、観音の生まれ変わり 太子信仰の広がり

10人の話を同時に聞き、的確に対処した有名な逸話をはじめとして、聖徳太子の業績と伝承は、数多い。近年の研究では、その大半は、後世の創作らしいという説が有力だ。では、太子信仰はいつ頃から芽生えたのだろうか。

法隆寺金堂に安置されている**釈迦《しゃか》三尊像《さんぞんぞう》**（国宝）は、太子の病気平癒を祈願してつくられたが、完成を待たずに太子は死去した。光背《こうはい》に記された銘文《めいぶん》には、「釈像尺寸王身」とあり、この釈迦如来像が太子の等身像であるという説もある。太子信仰は、まさに太子の逝去直後から始まったとみることもできるのである。

法隆寺金堂の釈迦三尊像

太子の神格化が明確になるのは、死後1世紀を経て編纂された『日本書紀』（720年成立）以降である。10人の話を聞き分ける逸話も『書紀』にあり、その編纂時、すでに聖なる存在だったということになる。

同書は、行き倒れの男に太子が食料と衣類を与える話も記している。男は亡くなって埋葬されるが、数日後、衣を残して遺体が消えてしまう。太子は、この男が「真人《ひじり》」（聖人もしくは神仙の道をきわめた人）と悟り、残された衣服を着用した。このため、人々は「聖《ひじり》の聖を知ること、それ実なる」と賛嘆したという。つまり、太子もまた聖人である、ということを『書紀』編纂者は高らかに宣言するのである。

いっぽう、聖徳太子は、**救世観音《くせかんのん》**が穴穂部間人皇后の胎内に入って生まれたとされ、観音の生まれ変わりとも信じられていた。こうした伝承は平安時代には浄土信仰と結びつき、より強い仏教思想の核となった。

鎌倉時代の新仏教の指導者のひとりである親鸞《しんらん》が、聖徳太子を崇拝していたことも太子信仰の裾野を広げた、と考えられている。中世以降、近畿地方はもとより、各地に太子堂が建立され、その信仰は広く庶民にまで拡大されていったのである。

寺院建立は勝者のしるし ―太子ゆかりの寺―

聖徳太子が信仰した仏教は、実は、朝廷の主導権争いを生んだ。仏教思想は、宗教であると同時に、先進の技術力など、外来の新集権化、政治の中央制度、新文化をもたらしたためである。

この結果、二大豪族であった蘇我氏と物部《もののべ》氏の対立は政治問題となり、さらに武力闘争に発展したわけである。太子の祖母と夫人のひとりは、仏教推進派の蘇我氏出身であり、聖徳太子も物部氏討伐軍に加わっている(↓P32)。

戦後、太子が建立した四天王寺（大阪市天王寺区）は日本初の官立寺院とされ、創建当初は僧侶が修行する敬田《きょうでん》院《いん》、身寄りのない人など弱者を収容する悲田院《ひでんいん》、病人に薬を施す施薬院なども併設されていたという。

太子が建立に関わった最も有名な寺院は、法隆寺《ほうりゅうじ》だが（↓P62）、ほかに法起寺《ほうきじ》、中宮寺《ちゅうぐうじ》（以上、奈良県斑鳩町）、橘寺《たちばなでら》（同明日香村）などが知られている。

また、奈良市内の大安寺《だいあんじ》は、太子が平群《へぐり》に建立した熊凝精舎《くまごりしょうじゃ》が始まりで、その後、百済《くだら》大寺（同桜井市）、大官大寺（同明日香村）となり、平城遷都後に現在地に移ったともいわれる。

京都の広隆寺《こうりゅうじ》（京都市右京区）も太子と縁が深い。その施政を支えた渡来系の豪族・秦河勝《はたのかわかつ》が太子から仏像を賜り、これを安置したのが始まりという。寺宝の弥勒菩薩半跏思惟像《みろくぼさつはんかしいぞう》は、中宮寺の菩薩半跏像と並ぶ飛鳥時代の仏像の名品として名高い（ともに国宝）。

古寺を訪ねる

法隆寺《ほうりゅうじ》

日本仏教のみなもと、聖徳太子信仰の中心地

世界最古の木造建築は日本の誇り

のどかな田園風景が広がる斑鳩《いかるが》。この地に、聖徳太子《しょうとくたいし》が斑鳩宮を築いたのは605年（推古《すいこ》天皇13）のことであった。

宮殿の西に位置する法隆寺の竣工《しゅんこう》はその2年後のことで、父帝であった用明《ようめい》天皇の意思を継いだ聖徳太子の命によって完成されたといわれている。

緑の美しい松並木の参道を歩き、左右に築地塀《ついじべい》ののびる南大門をくぐると、西院伽《さいいんが》藍《らん》の中門越しに五重塔（国宝）が荘厳な姿を現す。その右手が金堂（国宝）で、世界最古の木造建築物といわれるわが国の至宝。千数百年を超える時をくぐりぬけてきた建物群が甍《いらか》を並べるさまには、ただ圧倒されるばかりだ。

金堂には太子の冥福《めいふく》を祈念してつくられた釈迦三尊像《しゃかさんぞんぞう》（国宝）が安置されている。名匠・止利《とり》仏師の手になる飛鳥時代を代表する仏像の傑作である（→P61）。

なお、創建当時の法隆寺は、670年（天智《てんじ》9）4月に、「一屋《ひとつのいえ》も余《のこ》ること」なく焼失したと『日本書紀』に記されており、現在の伽藍は、8世紀初頭になって再建されたとする説が有力である。

1993年、日本の寺として初めて世界遺産に登録された法隆寺

夢殿　国宝

八角形の円堂で、西院の金堂にあたる。創建は739年（天平《てんびょう》11）頃。内部には、聖徳太子等身の像と伝えられる本尊の救世観音立像（国宝）が安置されている。公開は、毎年4月11日～5月18日と、10月22日～11月22日。

現在の伽藍は太子の住まいだった？

南大門から中門手前を東に向かい、東大門を抜けると東院伽藍《とういんがらん》が広がる。この東院伽藍は、643年（皇極《こうぎょく》2）に蘇我入鹿《そがのいるか》の

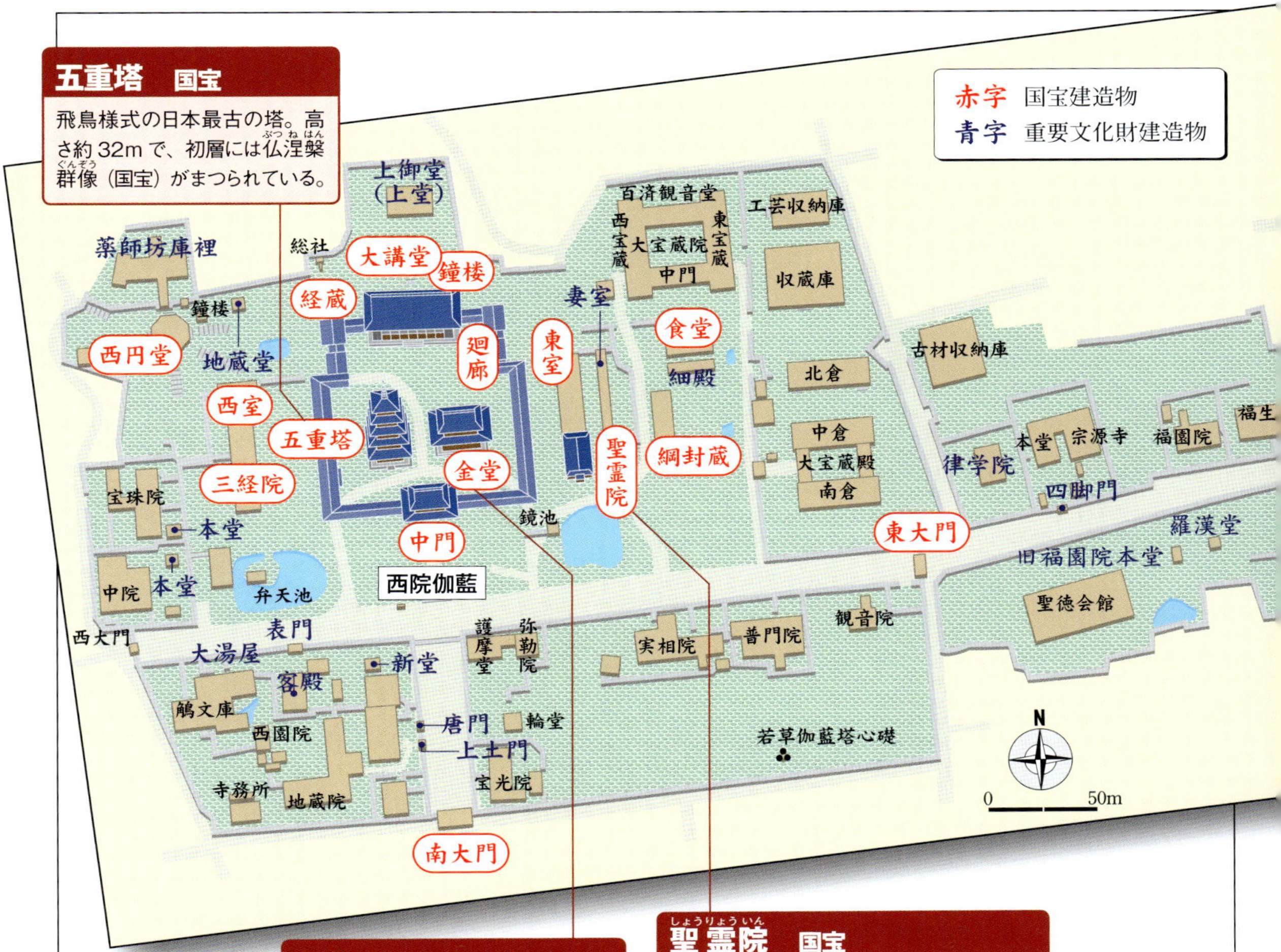

五重塔　国宝

飛鳥様式の日本最古の塔。高さ約32mで、初層には仏涅槃《ぶつねはん》群像《ぐんぞう》（国宝）がまつられている。

金堂　国宝

7世紀末に建てられた、世界最古の木造建築物。本尊の釈迦三尊像をはじめ、多くの国宝を安置。

聖霊院《しょうりょういん》　国宝

1121年（保安《ほうあん》2）、東室の南側の一部を改造した建物。聖徳太子像をはじめとする多くの国宝の仏像は、法隆寺最大の行事である「お会式《えしき》」（3月22日）の際に公開。

襲撃を受けて灰燼《かいじん》に帰した、斑鳩宮のあった場所に建てられている。

東院伽藍の中心は夢殿《ゆめどの》。夢殿の内に大切に安置されている本尊・救世観音立像《くせかんのんりゅうぞう》（国宝）は、聖徳太子の等身像として伝承され、長く白布に覆われた秘仏だった。

1884年（明治17）、来日したアメリカの学者フェノロサと、近代日本美術に大きな足跡を残した岡倉天心《おかくらてんしん》によって白布が除かれたとき、太子の怒りを恐れた僧侶たちはその場から逃げ去ったという。

僧侶たちにとっては暴挙であったが、彼らのおかげで、私たちは春と秋に、救世観音の姿を拝むことができる。

法隆寺《ほうりゅうじ》

【宗派】聖徳宗総本山
【創建】607年（推古15）

◆アクセス

奈良県生駒郡斑鳩町法隆寺山内1-1
電話：0745-75-2555
交通：JR法隆寺駅から徒歩約20分、または奈良交通バス法隆寺門前下車。

歴史探訪ガイド

法隆寺周辺

太子信仰に支えられた斑鳩の里の古寺を訪ねる

田園風景が広がる斑鳩《いかるが》の里は、法隆寺《ほうりゅうじ》をはじめ聖徳太子《しょうとくたいし》と縁の深い古刹《こさつ》が点在している。古い道標や石仏をたどり、太子ゆかりの地を訪ねる。

斑鳩の里に優しくたたずむ法起寺の三重塔

松並木の法隆寺参道を進む

スタート地点である法隆寺駅北口を出て県道5号を北上、やがて交差する国道25号を左折すると、右手に法隆寺参道の松並木が見えてくる。

道路は並木を境に左右を走るが、並木中央の細道を歩くのが気持ちよい。やがて正面に現れる門は、**法隆寺**の正門、南大門《なんだいもん》。ここをくぐると正面に中門、その背後に五重塔や金堂《こんどう》が聳《そび》える**西院伽藍**《さいいんがらん》が広がる。この寺ならではの景観だ。夢殿《ゆめどの》のある**東**《とう》**院**《いん》**伽藍**も拝観したら、太子の母、穴穂部間人皇后《あなほべのはしひと》の御所を寺に改めたという**中宮寺**《ちゅうぐうじ》へ。水濠に囲まれた寝殿造《しんでんづく》りの本堂内陣には、優美な菩薩半跏像《ぼさつはんかぞう》が安置される。

蘇った斑鳩三名塔

中宮寺の拝観を終えたら、夢殿前の四脚門まで引き返し北へ。途中通過する片野池《かたのいけ》の堤には、周辺から集められた石仏が多数並ぶ。斑鳩らしい田園風景を北へ向かうと、やがて**法輪寺**《ほうりんじ》の三重塔が見えてくる。

創建時から残っていた塔は、1944年（昭和19）7月、落雷で焼失してしまった。現在の塔は、1975年（昭和50）に作家の幸田文《こうだあや》らの支援によって再建されたものだ。

門前の広い道を東へ進み、県道9号に出たら北へ。法隆寺や法輪寺の瓦を焼いた白鳳《はくほう》時代の遺跡、**三井瓦窯跡**《みいかわらかまあと》を見たら、もとの道に戻り**法起寺**《ほうきじ》へ。太子が住んだ岡本宮《おかもとのみや》を、遺命を受けた山背大兄《やましろのおおえ》皇子が寺院に改めたのが始まりという。周辺の休耕田では、秋に、コスモスが見られる。

ここから帰路につくが、法起寺前のバス停からは法隆寺駅行きの便がないので、来るときに通過した県道9号を南下。途中「緑の道標」付近では、西に法隆寺の五重塔を、北西・北東には法輪寺・法起寺の三重塔を望むことができる。突き当たりの国道25号から行きと同じ道を遡《さかのぼ》れば、やがて法隆寺駅に到着する。

おすすめ探訪コース

所要時間 **約4時間**

※地図上の━ルート

法隆寺駅 → 徒歩25分 → **法隆寺西院** → 徒歩5分 → **法隆寺東院** → 徒歩すぐ → **中宮寺** → 徒歩15分 → **法輪寺** → 徒歩15分 → **三井瓦窯跡** → 徒歩10分 → **法起寺** → 徒歩40分 → **法隆寺駅**

【アクセス】 **JR奈良駅**からJR大和路線で10分、法隆寺駅下車。

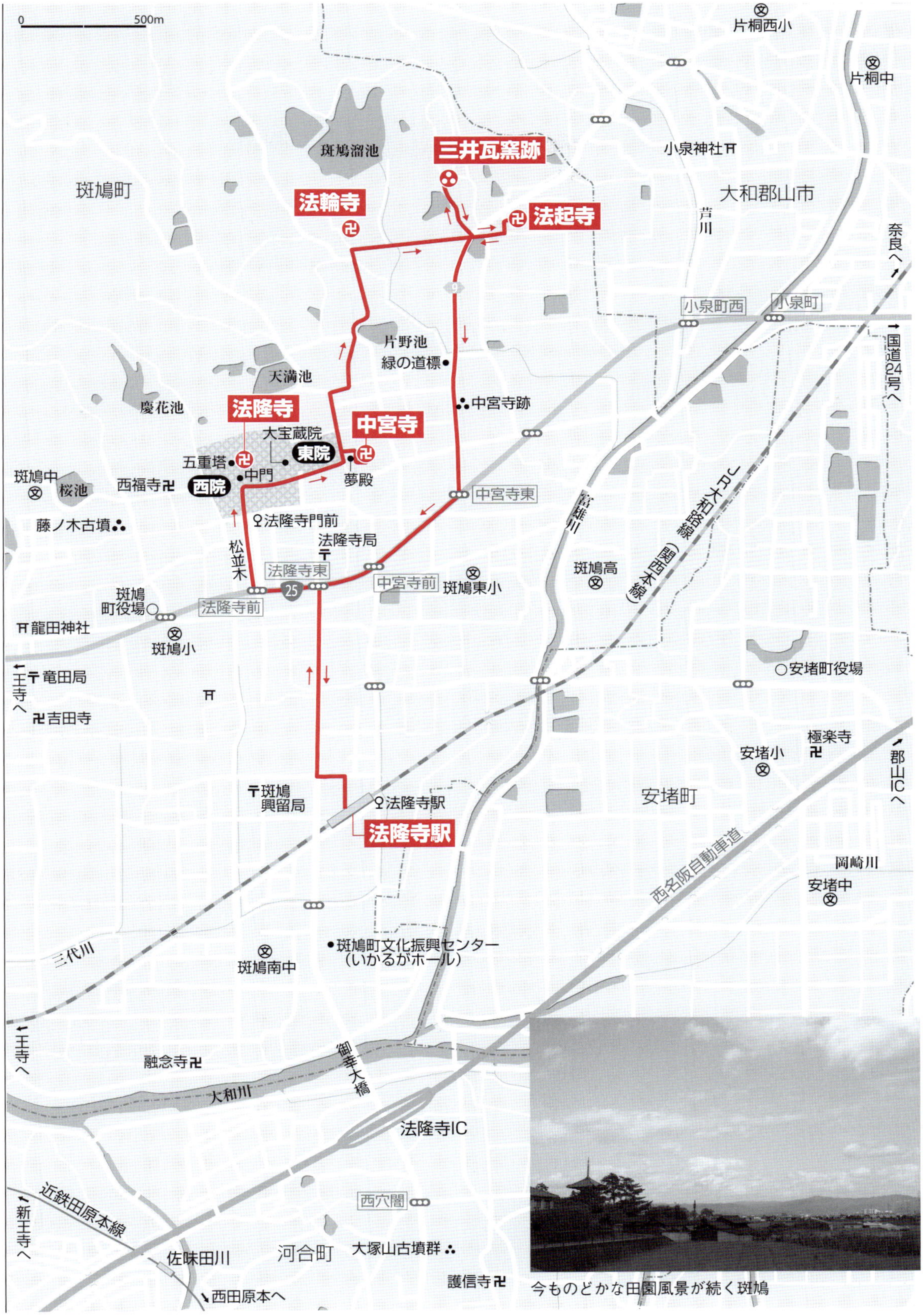

今ものどかな田園風景が続く斑鳩

古代国家成立の地
飛鳥と大和三山

飛鳥《あすか》は、4～5世紀に古代国家の礎《いしずえ》が築かれた大和政権の中心地。7世紀末には、畝傍《うねび》・耳成《みみなし》・天《あめの》香久山《かぐやま》の「大和三山《やまとさんざん》」に囲まれた地に、日本初の都城《とじょう》である藤原京も誕生している。

大神《おおみわ》神社の「大美和の杜展望台」から大和三山を望む

平野に立つ美しい独立峰

耳成山（みみなしやま）

大和三山のなかでは最も低いが、なだらかな山容が美しい。真南に藤原京があるところから、築造の際の基準点とも考えられている。→ P78

『万葉集』に多く歌われた

天香久山（あめのかぐやま）

高天原《たかまがはら》から降ってきたという言い伝えがあり、大和三山の代表的な存在。『万葉集』のなかでも数多く歌われている。→ P78

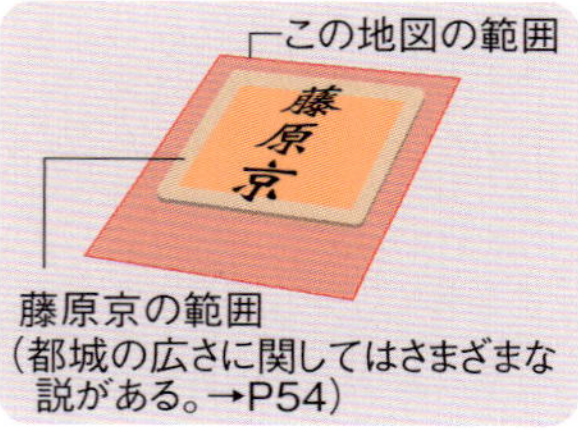

藤原京の範囲
（都城の広さに関してはさまざまな説がある。→P54）

蘇我氏の氏寺

飛鳥寺（あすかでら）

6世紀末頃、蘇我馬子《そがのうまこ》が物部《もののべ》氏を滅ぼした後に建立した日本初の本格寺院。日本最古の仏像、釈迦如来座像《しゃかにょらいざぞう》（飛鳥大仏）が安置される。寺の西には蘇我入鹿《いるか》の首塚とされる五輪塔がある。

蘇我入鹿の首塚

30以上の巨石を組んだ

石舞台古墳（いしぶたいこふん）

7世紀前半、いくつもの小古墳を壊して築造された、飛鳥のシンボル的な大型方墳。近くに邸宅のあった蘇我馬子の墓という説が有力。

巨石を積み上げげた石舞台古墳。石室内も見学できる

藤原宮跡。大和三山の中心に位置し、ここから三方に三山を望むことができる

大和三山に囲まれた
藤原宮跡（ふじわらきゅうせき）
中国式の条坊制を採用した日本初の本格的都城・藤原京の中心地。→ P54

初の本格的都城
藤原京（ふじわらきょう）
694年から710年まで都が置かれた地。

蘇我氏の豪邸跡という
甘樫丘（あまかしのおか）
蘇我蝦夷《えみし》、入鹿親子の邸宅があったとされている。全体が歴史公園に整備され、山頂の展望台からは大和三山をはじめ、飛鳥の里が一望できる。

大和三山の最高峰
畝傍山（うねびやま）
大和三山のなかで最も高い。畝傍山は女山で、男山である天香久山と耳成山が畝傍山を奪いあい争ったという伝説がある。→ P78

甘樫丘

美しい壁画が残る
高松塚古墳（たかまつづかこふん）
石室に描かれた彩色壁画で知られる。非公開だが、隣接する高松塚壁画館に模写や出土品のレプリカを展示。→ P70

飛鳥周辺

のどかな田園地帯に古代史の舞台をたどる

奈良盆地の東南部に位置する飛鳥《あすか》の地。7世紀には日本の首都として、古代統一国家の礎《いしずえ》が築かれた表舞台だった。今はのどかな飛鳥の里に、古代遺跡を訪ねてみよう。

眺望を楽しみ、諸遺跡をめぐる

蘇我蝦夷《そがのえみし》と入鹿《いるか》の大邸宅があったとされる**甘樫丘**《あまかしのおか》から出発。歴史公園として整備され、山頂からは大和三山《やまとさんざん》（→P66）も一望できる。丘の下には、中大兄皇子《なかのおおえ》（のちの天智天皇《てんじ》）がつくった日本最古の水時計台跡といわれる**水落遺跡**《みずおち》がある。飛鳥資料館ではその水時計の模型や、飛鳥の遺跡の出土品などを陳列している。

小高い丘に佇《たたず》む**飛鳥坐神社**《あすかにいます》は、飛鳥の都の守護神として創建された古社。さらに、古い民家が軒を連ねる集落をたどってゆくと、蘇我馬子《そがのうまこ》が6世紀末に創建した日本初の本格的寺院、**飛鳥寺**《あすかでら》がある。往時の伽藍《がらん》は現存しないが、本尊の釈迦如来坐像《しゃかにょらいざぞう》は日本最古の仏像として知られる。

県立万葉文化館には、万葉歌をモチーフに創作した日本画などが展示されている。すぐ近くには、神聖な儀式の場であったといわれる亀形石《かめがた》造物や、飛鳥路に点在する謎の石造物のひとつ、**酒船石**《さかふねいし》がある。

伝飛鳥板蓋宮跡《でんあすかいたぶきのみやあと》は、大化《たいか》の改新の舞台とされる皇極《こうぎょく》天皇の宮殿跡。その西南には**川原寺跡**《かわらでらあと》が広がる。ここから岡橋本バス停はすぐ近くだ。

「鬼の雪隠」。実際は古墳の石材が崩れたものという

高松塚古墳から石舞台へ

飛鳥駅から東へ道をたどり、**高松塚古墳**《たかまつづか》へ。美しい色彩で飛鳥人を描いた国宝の壁画は有名だが（→P71）、カビの繁殖などで劣化しており、現在石室ごと解体・修復が進んでいる。隣接する高松塚壁画館で、精巧な模写を見ることができる。

北東へ向かうと、律令国家の礎を築いた天武《てんむ》天皇と、その后で死後に皇位を継いだ持統《じとう》天皇の**合葬陵**《がっそうりょう》がある。ユニークな姿の**亀石**《かめいし》を経て、聖徳太子《しょうとくたいし》の生誕地とされ、太子自ら建立したと伝わる**橘寺**《たちばなでら》へ至る。

さらに飛鳥川沿いの道を南へ行けば、**石舞台古墳**《いしぶたい》に到着。蘇我馬子の墓といわれ、日本最大級の横穴式石室の石材が露出したその姿は、飛鳥路のシンボルとなっている。

飛鳥東方の山腹の**岡寺**《おかでら》（**龍蓋寺**《りゅうがいじ》）は草壁皇子《くさかべ》（天武と持統が父母）の宮地に建立された寺で、西国三十三か所観音霊場の第7番札所《ふだしょ》でもある。西へ下れば、万葉の歌めぐりを広めた犬養孝《いぬかいたかし》を顕彰する**南都明日香ふれあいセンター犬養万葉記念館**。点在する石造物でも、特にユーモラスな名で知られる**鬼の俎**《まないた》**・鬼の雪隠**《せっちん》にも立ち寄り、飛鳥駅へ戻る。

おすすめ探訪コース

所要時間 約4時間

※地図上の ━ ルート

甘樫丘バス停
↓ 徒歩10分
甘樫丘山頂
↓ 徒歩10分
水落遺跡
↓ 徒歩10分
飛鳥坐神社・飛鳥寺
↓ 徒歩10分
県立万葉文化館・亀形石造物
↓ 徒歩3分
酒船石
↓ 徒歩10分
伝飛鳥板蓋宮跡
↓ 徒歩10分
川原寺跡
↓ 徒歩すぐ
岡橋本バス停

【アクセス】 **近鉄奈良駅**から近鉄奈良線・橿原線と乗り継ぎ、約40分で橿原神宮前駅下車。奈良交通バスで9分、甘樫丘バス停下車。**岡橋本バス停**から奈良交通バスで10分、近鉄飛鳥駅下車。近鉄吉野線・橿原線・奈良線と乗り継ぎ、約1時間で近鉄奈良駅下車。

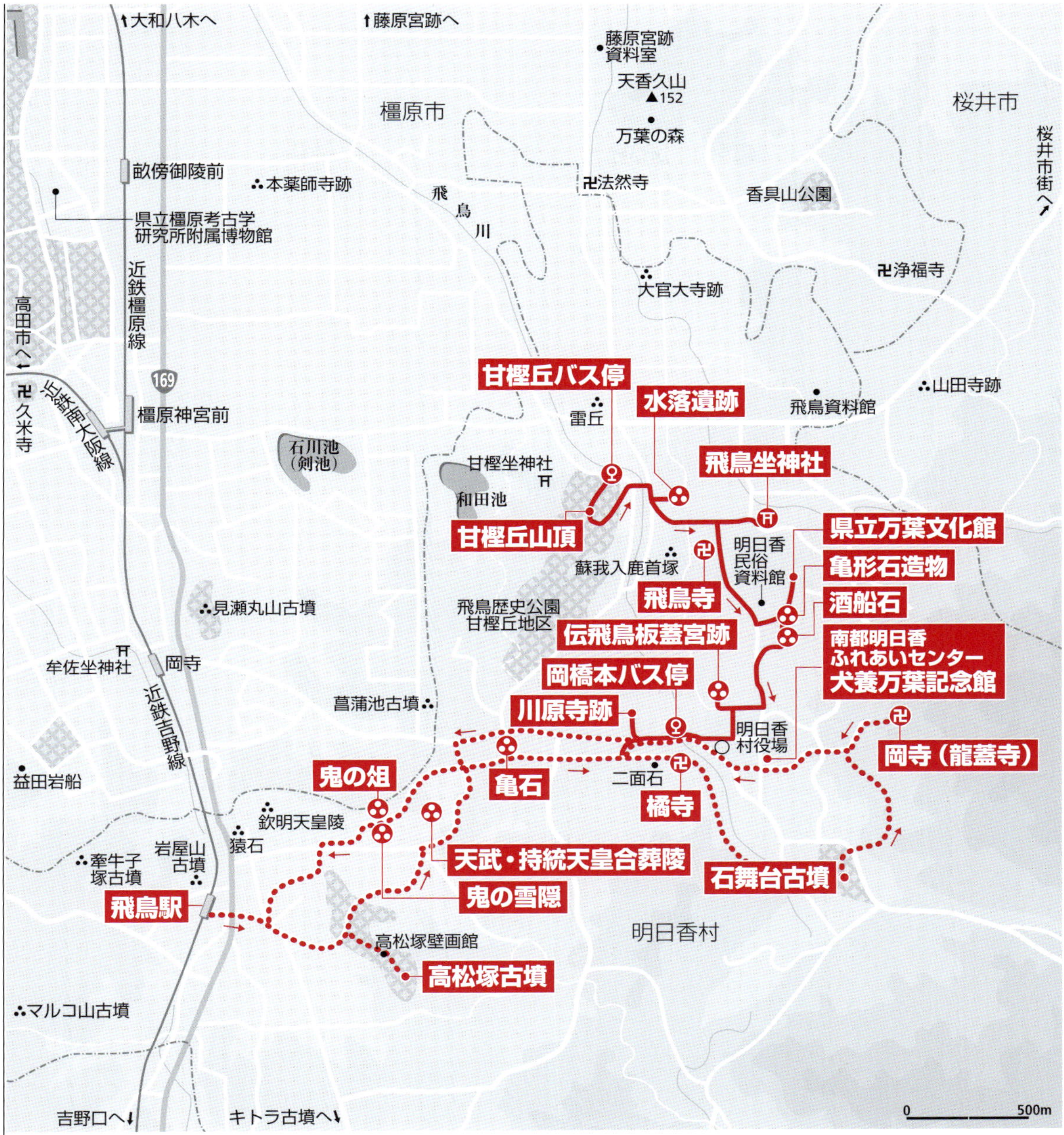

おすすめ探訪コース

所要時間 約5時間

※地図上の……ルート

飛鳥駅
徒歩15分
高松塚古墳
徒歩15分
天武・持統天皇合葬陵
徒歩10分
亀石
徒歩10分
橘寺
徒歩20分
石舞台古墳
徒歩25分
岡寺（龍蓋寺）
徒歩18分
南都明日香ふれあいセンター犬養万葉記念館
徒歩30分
鬼の俎・鬼の雪隠
徒歩7分
飛鳥駅

【アクセス】 **近鉄奈良駅**から近鉄奈良線・橿原線・吉野線と乗り継ぎ約1時間、飛鳥駅下車。**飛鳥駅**から近鉄吉野線・橿原線・奈良線と乗り継ぎ、約1時間で近鉄奈良駅下車。

飛鳥で発見された二つの壁画古墳

高松塚古墳とキトラ古墳

古墳時代終末期の彩色壁画古墳

明日香《あすか》村の高松塚《たかまつづか》古墳は、南北が25メートル、東西20メートル、高さが約3～9メートルの円墳である。

石室内の天井には星宿図《せいしゅくず》、四方の壁には四《し》神《しん》像の玄武《げんぶ》・青龍《せいりゅう》・白虎《びゃっこ》、さらに東西の壁には男女の群像が描かれている。1972年（昭和47）の発掘で、これらの存在が発見されたときは大きく報道され、古代史ブームを巻き起こした。2005年（平成17）の調査の結果、古墳は藤原京期（694～710年）のものであることが確定した。

いっぽうのキトラ古墳は高松塚古墳から1キロメートルほど南に位置し、直径13・5メートルの円墳である。1983年（昭和58）の発見以後の調査で、石室内の天井には星宿図が、四方の壁には四神と獣頭人身十二支像が描かれていることが判明した。

東アジアの影響を受けた壁画

二つの古墳の壁画は九州や関東で発見されている装飾古墳の素朴なものとは異なる系統のものだ。壁画の発見は日本の考古学界だけでなく、美術史などへも大きなインパクトを与えた。高松塚古墳とキトラ古墳に共通の四神像は中国、朝鮮半島から伝わった風水思想の影響がみられる。両古墳の四神はよく似ており、同じ原画の可能性も指摘されている。

高松塚古墳の壁画は、中国墓室壁画でもよくみられる出行図に類似している。また、被葬者を守るように描かれたキトラ古墳の十二支像も、中国で出現が確認されている獣頭人身十二支像の影響が考えられている。さらにキトラ古墳の星宿図は現存する世界最古の星宿図と推定されている。

被葬者はいったい誰だ？

高松塚古墳に埋葬された人物には諸説あり、いまだに確定していない。骨から身長163センチメートル前後の成人男性とみられ天武《てんむ》天皇の皇子説、朝廷高官説、渡来系氏族説などが出ている。いっぽう、キトラ古墳の被葬者も成人男性のもので諸説あり、こちらも、天武天皇の皇子、またはその高官説などが考えられている。

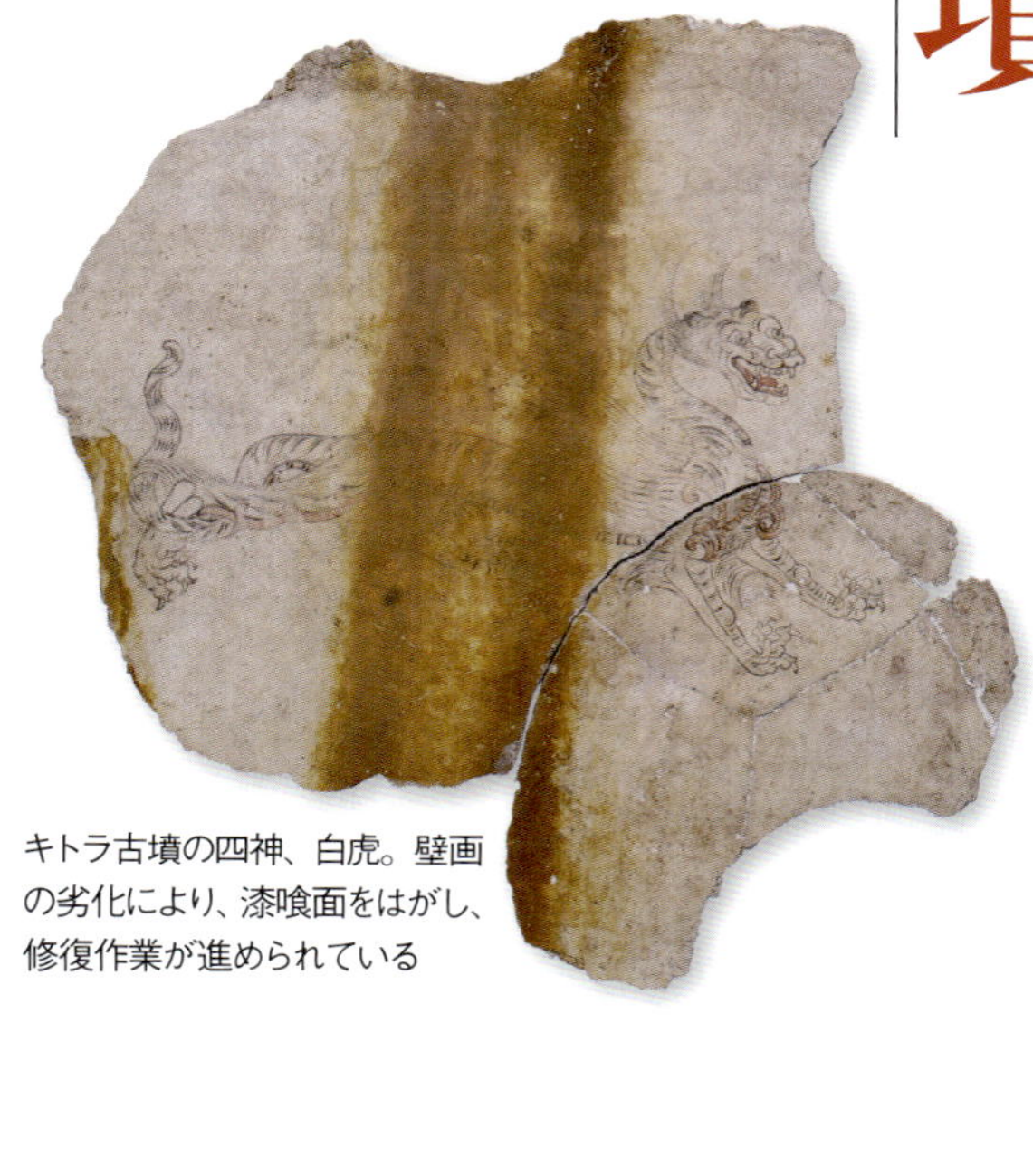

キトラ古墳の四神、白虎。壁画の劣化により、漆喰面をはがし、修復作業が進められている

高松塚古墳西壁女子群像（模写）。保存状態がよく、発見当初「飛鳥美人」として話題になった。なお、石室内で大量のカビが発生し、壁画の一部が損傷していることが 2006 年に判明。文化財保存への警鐘となった

被葬者に従う高官たち

高松塚古墳壁画の人物群像は、全部で16人を数える。東壁にも西壁にも、男女がそれぞれ4人ずつ描かれている。東壁は青龍を、西壁は白虎を中心として、どちらも北寄りに女子群像、南寄りに男子群像という配置である。キトラ古墳では確認できた朱雀は、中世の盗掘ののち失われたと考えられる。

この時代、すでに官僚制度が整備され、朝廷に参集する役人の服装は、天皇の詔勅《しょうちょく》によって詳細に規定されていたという。高松塚古墳の人物像は、「襴《らん》」（上着に着ける布）のある衣を着けていることから、天皇の発した詔に沿った服装を着けた、地位の高い役人であったと推定される。

また、東壁の男性のひとりが持つ「蓋《かさ》」には緑の総《ふさ》が垂れている。当時の制度では、総を垂れることが許されるのは、大納言《だいなごん》（左右大臣に次ぐ高官）以上と定められていた。このことからも、壁に描かれた男性がかなりの高位の人物であり、被葬者が皇族を含む相当の貴人だった可能性が強い。

「飛鳥美人」と「天平美人」

女性たちもまた、被葬者の周囲の世話をしていた女官たちであろう。どちらの壁にも「翳《さしば》」（貴人の顔を隠すための儀式用具）を持つ女性が描かれており、そのことが、彼女たちの役割を示している。

比較的保存状態のよい西壁の女性たちのその端整なたたずまいは、発見当時「飛鳥《あすか》美人」として、話題になった。

古代の美人といえば、ほぼ半世紀後の、8世紀中頃に描かれたとされる正倉院宝物《しょうそういんほうもつ》の「鳥毛立女屏風《とりげりつじょのびょうぶ》（樹下美人図）」の女性、いわゆる「天平《てんぴょう》美人」と比較すると、ともにふくよかな顔立ちだが、服装や髪形などが異なっている。「屏風」の女性の髪形や服装なども唐代の風俗を表しているといわれるが、高松塚の女性像は高句麗古墳の壁画に似たものが発掘されている。

高松塚壁画の群像はまた、東壁、西壁いずれの男女も、南を向いて行進しているように見える。被葬者が誰であるにせよ、彼らは黄泉《よみ》の国に旅立つ主につきそい、守護していくために描かれたのだろう。それぞれの男女が、果たして実在する個人を描いたのかどうかを知るすべはない。

しかし、遺された人々が、その悲しみを16人の人物像に仮託し、死後の世界まで付き従うことを望んだことだけは確かであろう。

西壁女子群像（部分）

鳥毛立女屏風（部分）

奈良の山々と古代の道

山の辺の道

三輪山とその周辺
山の辺の道

神の山、三輪山《みわやま》の西麓《せいろく》を走る、山の辺《やまのべ》の道。由緒ある古墳や古社寺が多く集まり、まさに日本古代史をたどる道だ。三輪山の東には、山間《やまあい》の名刹《めいさつ》、長谷寺、室生寺などが点在している。

石上神宮の楼門（重文）

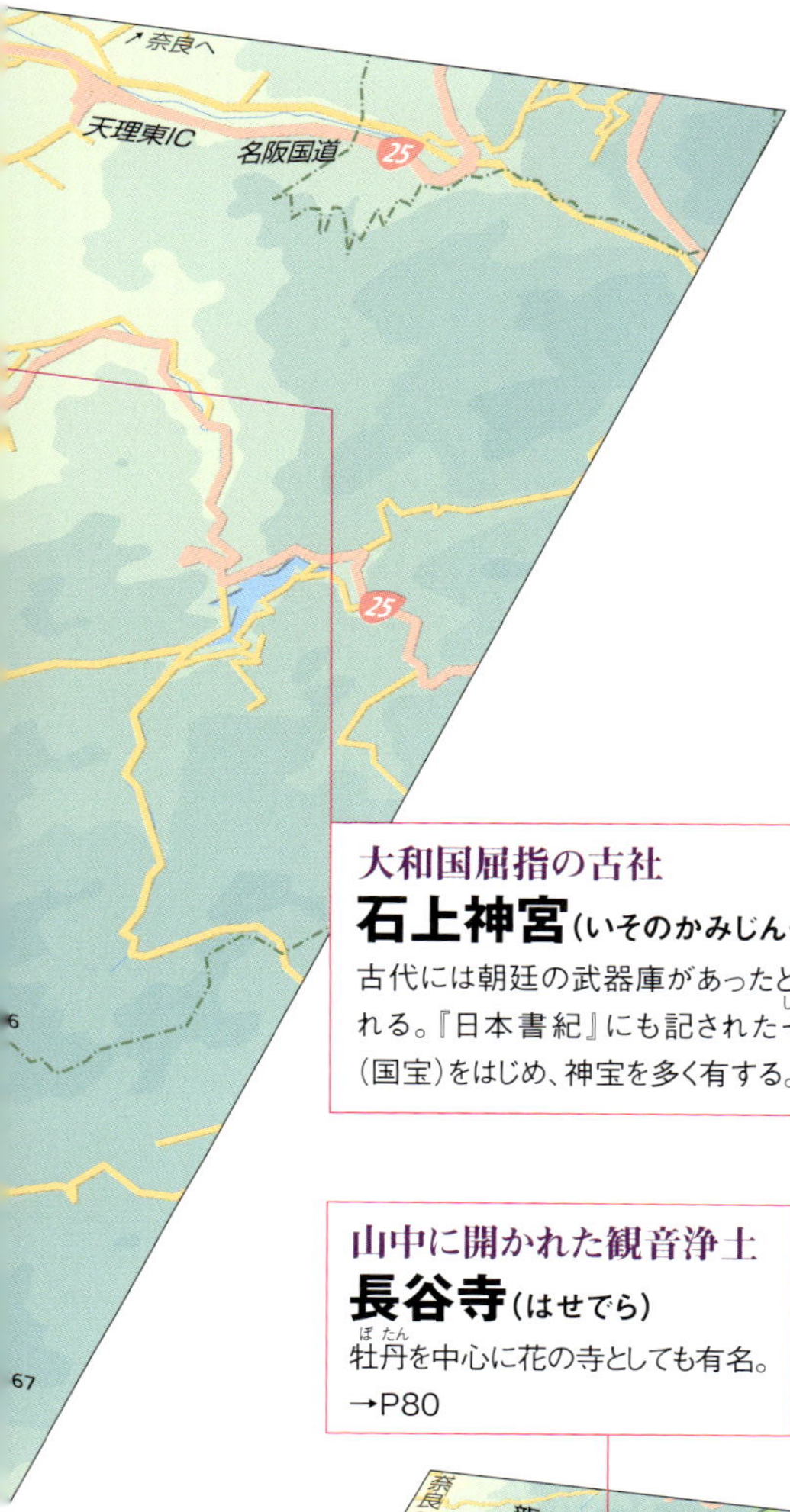

大和国屈指の古社
石上神宮（いそのかみじんぐう）
古代には朝廷の武器庫があったともいわれる。『日本書紀』にも記された七支刀《しちしとう》（国宝）をはじめ、神宝を多く有する。

「記紀」に残る日本最古の道・
山の辺の道

山中に開かれた観音浄土
長谷寺（はせでら）
牡丹《ぼたん》を中心に花の寺としても有名。
→P80

藤原鎌足を祭神とする
談山神社（たんざんじんじゃ）
奈良屈指の紅葉の名所として知られる、多武峰《とうのみね》の山中に立つ古社。藤原鎌足《ふじわらのかまたり》はこの山で中大兄《なかのおおえ》皇子《の》とともに「大化《たいか》の改新」の談合を行なった。

「女人高野」で知られる名刹
室生寺（むろうじ）
平安〜鎌倉時代の仏像の宝庫。
→P82

箸墓古墳。卑弥呼《ひみこ》の墳墓との説もある

壮大な前方後円墳
箸墓古墳（はしはかこふん）

全長280m。『日本書紀』に記述のある、三輪の大物《おおもの》主大神《ぬしのおおかみ》を夫とする倭迹迹日百襲姫命《やまとととひももそひめのみこと》の墓と考えられている。3世紀中頃、平地に石を積んで造られたという。

古代に形成された大集落
纏向遺跡（まきむくいせき）

弥生時代から古墳時代前期にかけての集落遺跡。東西約2km、南北1.5kmの範囲内に、6つの古墳と大型建物跡などが発見されている。

古代信仰の中心地
大神神社（おおみわじんじゃ）

三輪山をご神体とし、本殿をもたない古い神社の形式を残す。拝殿の奥の「三ツ鳥居」を通して三輪山を拝む。
→P78

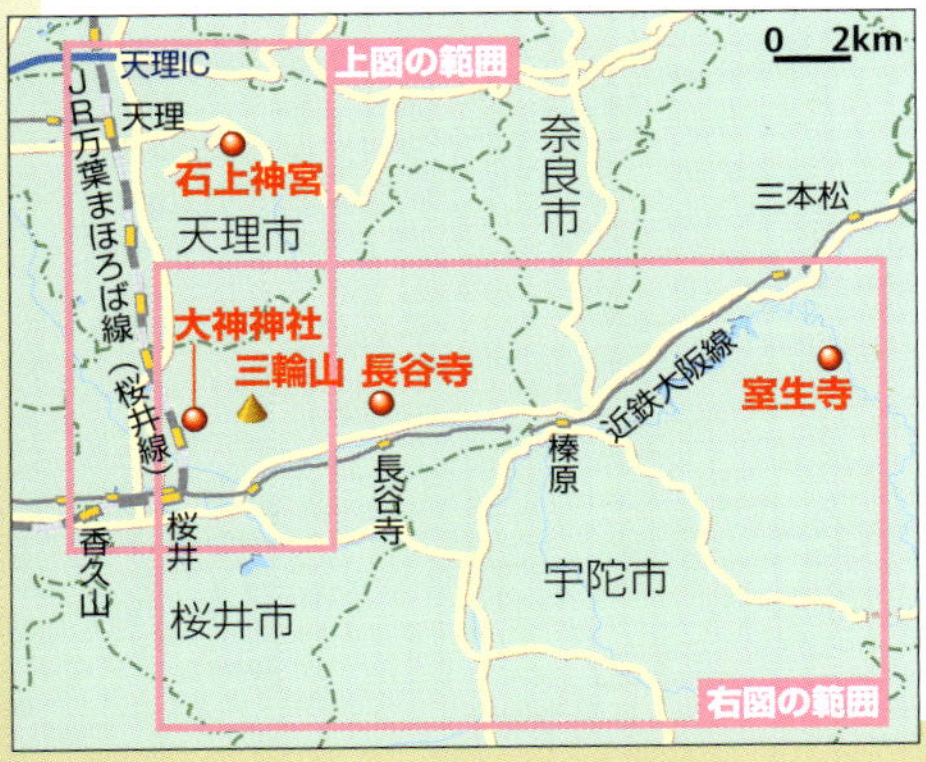

古代には大きな市が立った
海柘榴市観音堂（つばいちかんのんどう）

長谷寺への参詣の拠点として観音信仰が盛んとなり、観音堂には2体の観音像が安置される。また、一帯は古代の市として栄え、歌垣《うたがき》が行なわれたことで有名。

神の宿る山
三輪山（みわやま）

大神《おおみわ》神社のご神体として、永らく古代信仰の中心地。神の宿る山「三諸《みもろ》の神奈備《かんなび》」とあがめられた。
→P78

歴史探訪ガイド

山の辺の道をたどる

巨大古墳や社寺が連なる奈良盆地最古の道を歩く

奈良盆地の東辺の山裾《やますそ》に、曲がりくねって南北に続く「山《やま》の辺《べ》の道」は、史書に残る日本最古の道。沿道には、古代国家形成の謎を秘めた大古墳や、古社寺が点在している。

第12代天皇で日本《やまと》武尊《たけるのみこと》の父と伝えられる景行天皇陵（渋谷向山古墳《しぶたにむかいやまこふん》）

石上神宮から黒塚古墳へ

万葉歌に「石上《いそのかみ》　布留《ふる》の神杉《かむすぎ》　神さぶる　恋をも我は　更にするかも」（柿本人麻呂《かきのもとのひとまろ》）と詠まれたままに杉の古木が生い茂る**石上神宮《いそのかみ》**は、大和でも屈指の古社。大和政権の軍事を司った物部《もののべ》氏の氏神であり、神武《じんむ》天皇の東征時に霊力を発揮したと伝えられる剣をご神体とする。

石上神宮の境内を抜けて、南へたどってゆくと小さな池に出る。この一帯が**内山永久《うちやまえいきゅう》寺跡《じあと》**である。平安時代に鳥羽《とば》天皇の勅願《ちょくがん》で創建された大寺院だったが、廃仏毀釈《はいぶつきしゃく》で廃絶。現在では、寺の唯一の名残である池のほとりに、かつて松《まつ》尾芭蕉《おばしょう》がこの地の桜を詠んだ句碑が立つ。さらに丘陵地を上り下りしてゆけば、**夜都伎《やつぎ》神社**。茅葺《かやぶ》きの拝殿が風情豊かな小社だ。

衾田陵《ふすまだりょう》は、6世紀の継体《けいたい》天皇の皇后、手白香《たしらか》皇女の陵《みささぎ》として宮内庁が管理する前方後円墳だが、考古学的には4世紀の築造とみられている。衾田陵の南方に、瀟洒《しょうしゃ》な鐘楼門を構える**長岳寺《ちょうがくじ》**は、弘法大師《こうぼうだいし》の開基と伝わる古寺だ。明治期に衰退したが、境内に残る大師堂や鐘楼、多くの石仏などが往時の隆盛を偲《しの》ばせる。西方には、邪馬台国《やまたいこく》の女王卑弥呼《ひみこ》が魏《ぎ》から贈られた鏡ではないかといわれる三角縁神獣鏡《さんかくぶちしんじゅうきょう》が33面も出土した**黒《くろ》塚《づか》古墳**がある。

巨大古墳をめぐり三輪山麓へ

柳本駅の東方、長岳寺から見れば、南方に位置する**崇神《すじん》天皇陵**は、全長約240メートルの巨大前方後円墳。318年に没したとされる崇神天皇は、大和政権の初代の大王といわれ、『古事記』に「山辺道勾岡上陵《やまのべのまがりのおかのへ》」に葬られたと記されている。この記事はまた「山の辺の道」の最古の記録でもあり、4世紀にはこの道が利用されていたことがうかがえる。

景行《けいこう》天皇陵は、崇神天皇陵よりさらに大きい前方後円墳で、全長310メートル。山の辺の道は、崇神の2代後のこの天皇の陵の東側を通っている。みかんや柿畑の間の道

おすすめ探訪コース

所要時間　約5時間

※地図上の……ルート

JR天理駅 ◀◀◀ 徒歩30分 ◀◀◀ 石上神宮 ◀◀◀ 徒歩15分 ◀◀◀ 内山永久寺跡 ◀◀◀ 徒歩20分 ◀◀◀ 夜都伎神社 ◀◀◀ 徒歩30分 ◀◀◀ 衾田陵 ◀◀◀ 徒歩20分 ◀◀◀ 長岳寺 ◀◀◀ 徒歩10分 ◀◀◀ 黒塚古墳 ◀◀◀ 徒歩5分 ◀◀◀ 柳本駅

【アクセス】JR奈良駅からJR万葉まほろば線（桜井線）で15分、天理駅下車。**柳本駅**からJR万葉まほろば線（桜井線）で20分、JR奈良駅下車。

をさらに南下したのち、東の山手に上ってゆけば**穴師坐兵主神社**《あなしにいますひょうず》がある。崇神天皇に次ぐ垂仁《すいにん》天皇の時代に創建されたといわれ、付近には垂仁天皇の宮も営まれていたとされる。

道を引き返し、大神《おおみわ》神社の摂社《せっしゃ》である**檜原**《ひばら》**神社**を過ぎれば、謡曲『三輪《みわ》』の舞台である真言宗の寺**玄賓庵**《げんぴんあん》。さらに、道は山中を縫うようにして続き、万病に効能があるという名水が湧く**狭井**《さい》**神社**を経て、日本最古の神社といわれる**大神神社**へ至る。豪壮な拝殿は徳川家綱《いえつな》の寄進だが、東方にそびえる**三輪山**《みわやま》を御神体とするため本殿はない。秀麗な三輪山は原始より神の山としてあがめられ、4世紀頃、西麓《せいろく》に大和政権が発足したとされる。

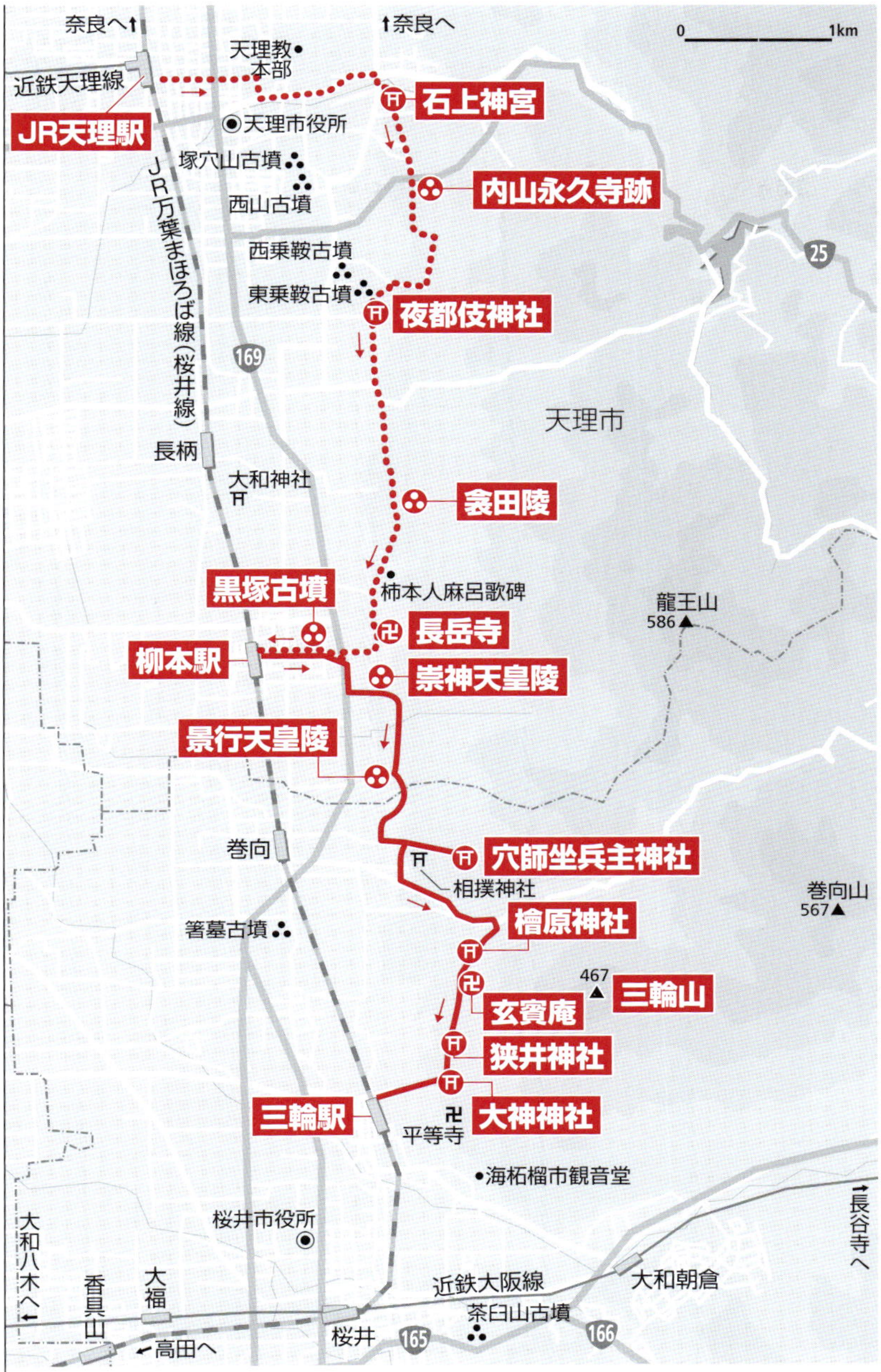

大神神社・二の鳥居

おすすめ探訪コース

所要時間 **約4時間**

※地図上の――ルート

柳本駅 → 徒歩10分 → 崇神天皇陵 → 徒歩10分 → 景行天皇陵 → 徒歩20分 → 穴師坐兵主神社 → 徒歩20分 → 檜原神社 → 徒歩5分 → 玄賓庵 → 徒歩15分 → 狭井神社 → 徒歩5分 → 大神神社 → 徒歩10分 → 三輪駅

【アクセス】 **JR奈良駅**からJR万葉まほろば線（桜井線）で20分、柳本駅下車。**三輪駅**からJR万葉まほろば線（桜井線）で27分、JR奈良駅下車。

神々のいます山

三輪山と大和三山

三輪山と大神神社。大神神社は三輪明神ともよばれ、酒造関係者の信仰が厚い。蔵元や酒屋の軒先などに吊られる「杉玉」は本来、三輪山の杉の葉を球状に束ねたもので、毎年11月、新酒醸造祈願に参詣した業者が神社から授けられる。

土地の神から大和の神へ

桜井市の三輪山《みわやま》（467メートル）は、「三諸《みもろ》の神奈備《かんなび》」（神が降臨する場所）とあがめられ、信仰されてきた聖山。今も入山には許可が必要で、物見遊山《ものみゆさん》での登山は禁止されている。山麓《さんろく》の大神《おおみわ》神社（大和《やまと》国一の宮）は三輪山全体をご神体としており、神社に本殿はない。祭神は大物主大神《おおものぬしのおおかみ》。大国主命《おおくにぬしのみこと》と同神とされており、農・工・商の神、特に醸造の神様として知られている。

山中には、「磐座《いわくら》」とよばれる巨石群が残っており、古代の三輪山祭祀《さいし》の中心とされる。大和王権の基盤のひとつは、この一帯と考えられており、勢力の拡大にともない、土地の神である三輪山は、文字通り大和一国にそびえる聖山に高められていったのだろう。

「記紀」『万葉集』に登場する三山

大和三山《やまとさんざん》は三輪山の南西に位置する。北に耳成山《みみなしやま》、東に天香久《あめのかぐ》（具）山《やま》、西に畝傍山《うねびやま》が、ほぼ正三角形に並び、いずれも標高は200メートルに満たない。だが、古くから有力氏族の祖神など土着神の住まう地として神聖視され、山中や麓《ふもと》には社《やしろ》がまつられてきた。

三山中、最も尊ばれたのは天香久山だ。多くの伝承があるが、天の岩屋にこもってしまった天照大御神《あまてらすおおみかみ》を誘い出すため諸神が智恵を絞る『古事記』の名場面もそのひとつ。卜占《ぼくせん》に使われる牡鹿も、祭祀《さいし》用の榊《さかき》も、歌舞の主役・天宇受売命《あめのうずめのみこと》が身につけるさまざまな植物も、天香久山のものと記されている。

また三山の最高峰、畝傍山の麓には、橿原《かしはら》神宮が鎮座する。明治時代の創建だが、この地は『日本書紀』によれば、神武《じんむ》天皇が即位した橿原宮にさかのぼる、神聖な場所である。

三山といえば妻争いも有名だ。「香具山は　畝傍ををしと　耳梨と　相争《あいあらそ》ひき　神代《かみよ》より　かくにあるらし…」と『万葉集』で詠まれたが（巻一／13）、「ををし」の解釈で意味が異なってくる。①「を惜し」とすれば、香具山が男神で畝傍山が女神、②「雄雄し」とすれば、香具山が女神で畝傍山が男神となる。歌の作者は、中大兄《なかのおおえ》皇子、のちの天智《てんじ》天皇である（→P56）。額田王《ぬかたのおおきみ》をめぐって同母弟の大海人《おおあま》皇子（天武《てんむ》天皇）と争ったという伝承もある。もとより真相は、定かではない。

大神神社境内にある大美和の杜展望台から
遠望した畝傍山（左）と耳成山（右）

古寺を訪ねる

「花の御寺《みてら》」とよばれる山あいの名刹《めいさつ》 長谷寺《はせでら》

春、牡丹の花に彩られる長谷寺の境内

春はしだれ桜に牡丹、秋の紅葉、冬の寒牡丹も

草餅や地酒店、旅館などの建ち並ぶ門前町を抜けて仁王門をくぐると、399段の石段に屋根のついた登廊《のぼりろう》が、ゆるやかに上っている。初瀬《はせ》の山あいに荘厳な姿を見せる長谷寺には、「花の御寺」の別名があり、四季折々、さまざまな花木に彩られる。

特に知られているのが牡丹《ぼたん》。唐の僖宗《きそう》皇帝の妃、馬頭夫人《めずぶにん》からの献木を現在も大切に植え継いでいるという。本堂に至る登廊の両側に咲く150種、7000株の牡丹が、山肌一面を紅白に染め、ゴールデンウィークの頃には全国から多くの参詣客が訪れる。

牡丹のほかにも、春のしだれ桜、初夏の紫陽花《あじさい》、秋の紅葉、雪中に咲く寒牡丹や冬牡丹も見逃せない。

長谷寺は「こもりくの泊瀬山《はつせやま》」と『万葉集』に詠《よ》まれ、渓谷の果てるところとされた初瀬の地に立ち、かつては「初瀬寺《はせでら》」「泊瀬寺《はせでら》」とも記されていた。創建については諸説あるが、長谷寺の縁起では、686年（朱鳥《しゅちょう》元）、道明《どうみょう》上人が天武《てんむ》天皇のために銅板法華説相図《どうばんほっけせっそうず》（千仏多宝仏塔《せんぶつたほうぶっとう》／国宝）を西の岡（現在の五重塔近く）に安置したことに始まるとされる。

創建時は東大寺の末寺だったが、その後興福寺《こうふくじ》の末寺、新義真言宗《しんぎしんごんしゅう》寺院を経て、1900年（明治33）に真言宗豊山《ぶざん》派の総本山となった。

平安時代には、観音信仰の霊場として知られ、『源氏物語』や『枕草子』などの王朝文学にも、しばしば登場している。

山腹に点在する堂塔や塔頭は自然と溶けあうたたずまい

登廊を上っていくと、道は2度折れて五色の幕のたなびく本堂に至る。堂内に入ると、本尊の十一面観音菩薩立像《じゅういちめんかんのんぼさつりゅうぞう》が安置され、威厳のある姿で参詣客を見下ろしている。

五重塔

1954年に、戦争殉難者《じゅんなんしゃ》檀信徒《だんしんと》慰霊《いれい》と世界平和を祈願して建立。高さ27mの檜皮葺《ひわだぶ》きで、木組みの丹塗《にぬ》りが華やかである。

本堂　国宝

断崖に懸造《かけづく》りにされており、舞台から境内を見晴らすことができる。本尊は、十一面観世音菩薩立像（重文）。創建は奈良時代だが、現在の建物は徳川家光が再建したもの。

宗宝蔵《しゅうほうぞう》

春と秋の年2回、さまざまな寺宝をこで公開。創建された奈良時代の貴な遺品「銅板法華説相図」（国宝）美しい料紙に描かれた鎌倉時代法華経、「安楽行品《あんらくぎょうぼん》」（国宝）なども示される。

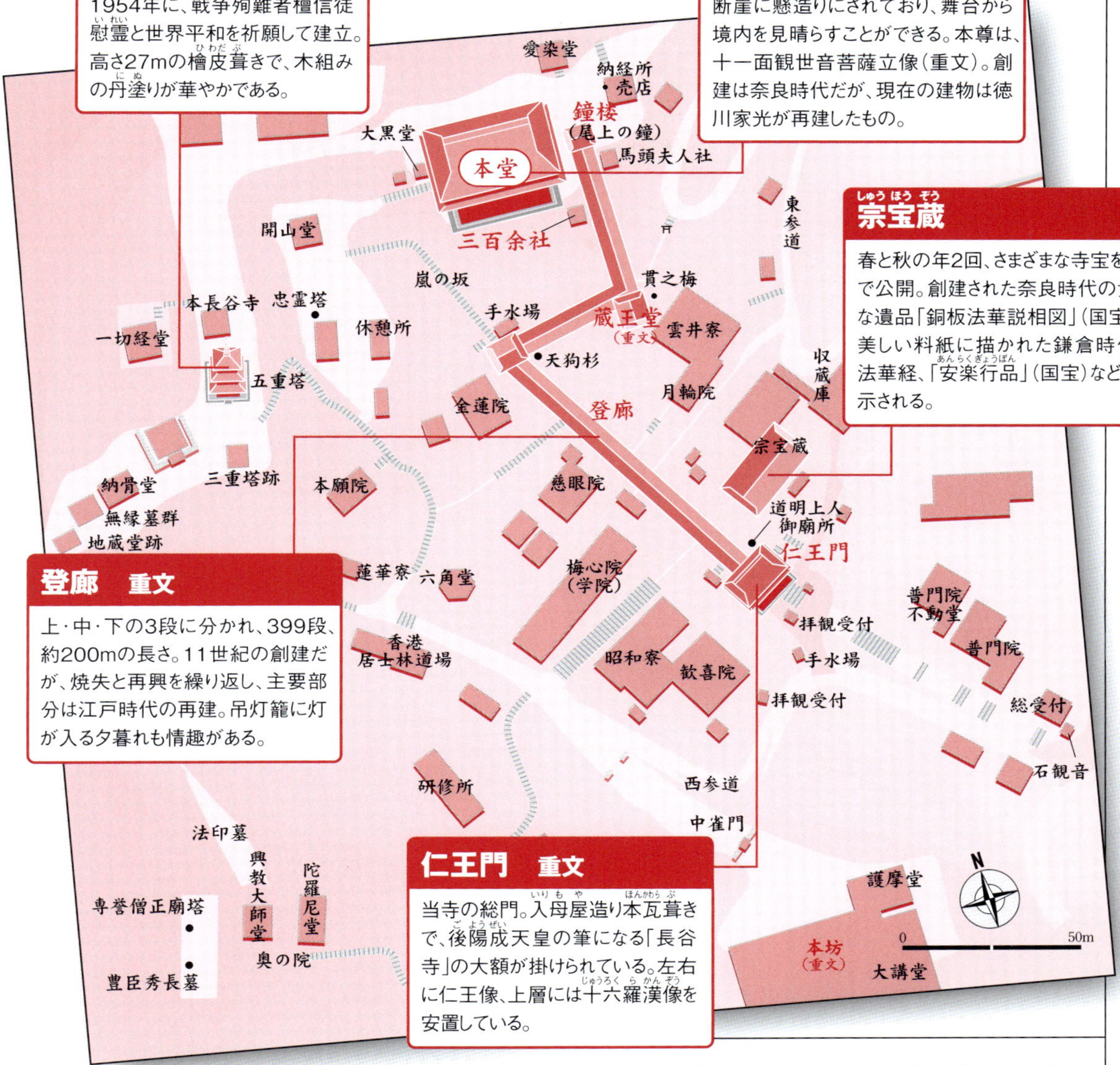

登廊　重文

上・中・下の3段に分かれ、399段、約200mの長さ。11世紀の創建だが、焼失と再興を繰り返し、主要部分は江戸時代の再建。吊灯籠に灯が入る夕暮れも情趣がある。

仁王門　重文

当寺の総門。入母屋《いりもや》造り本瓦葺《ほんかわらぶ》きで、後陽成《ごようぜい》天皇の筆になる「長谷寺」の大額が掛けられている。左右に仁王像、上層には十六羅漢像《じゅうろくらかんぞう》を安置している。

高さは約10メートル。室町時代の大仏師運《うん》宗《しゅう》らによって造立された、日本最大の木造仏で、霊験あらたかな仏として広く信仰を集めている。

本堂の舞台からは、初瀬の自然を見渡すことができる。山腹には五重塔や宗宝蔵《しゅうほうぞう》など、多くの堂塔や塔頭《たっちゅう》が自然の起伏を生かして点在している。まさに山寺ならではの、自然と溶けあったたたずまいである。

下りは大黒堂、開山堂、五重塔とめぐる西参道をたどるとよい。また、夕暮れの登廊には、長谷型とよばれる吊灯籠《つりとうろう》に明かりが灯り、風情のある景色となる。

豊山《ぶざん》神楽院《かぐらいん》長谷寺《はせでら》

【宗派】真言宗豊山派総本山
【創建】686年（朱鳥元）

◆アクセス

奈良県桜井市初瀬731-1
電話：0744-47-7001
交通：近鉄大阪線長谷寺駅から徒歩15分。

古寺を訪ねる

女人高野として知られる 大自然に抱かれた寺院 室生寺《むろうじ》

室生寺の五重塔。屋根の大きな張り出しが美しい

幽玄静寂《ゆうげんせいじゃく》を求めた山峡に 堂塔が建ち並ぶ

室生寺は、大和平野の東、三重県境近くの奥深い山峡《きょう》にある。現在でこそ電車とバスを乗り継いで簡単に訪れることができるが、かつては訪れることさえひと苦労の秘境であった。

バスを降り、室生川にかかる朱塗りの太鼓橋を渡れば、そこは室生寺の表門である。門前の石柱には「女人高野《にょにんこうや》室生寺」の文字。これは、同じ真言《しんごん》宗の高野山《こうやさん》が女人禁制だったのに対して、室生寺は広く女性にも開放されていたことからきている。

造営にあたったのは興福寺《こうふくじ》の高僧修円《しゅえん》。天台・真言・律宗《りっしゅう》などの高僧も迎え、山林で修行するかたわら各宗を勉学する道場として、仏教界に大きな役割を果たしていた。

しかし、深山という環境もあってしだいに密教色が濃くなり、江戸元禄《げんろく》期には、五代将軍徳川綱吉《つなよし》の母、桂昌院《けいしょういん》の命で法相宗《ほっそうしゅう》の興福寺から分離独立し、真言宗に改宗した。女人高野とよばれるようになったのは、この頃からである。そして1964年（昭和39）には、真言宗室生寺派の大本山となった。

表門の前を右に向かい、仁王門を抜けて鎧坂《よろいざか》を上ると、最初に目に入るのが弥勒《みろく》堂《どう》、そして金堂が立つ。本尊釈迦如来立像《しゃかにょらいりゅうぞう》（国宝）をはじめ、堂内に安置された平安期や鎌倉期の仏像が、慈愛に満ちた表情で拝観の人々を迎えてくれる。さらに進むと灌頂堂《かんじょうどう》（本堂）、その左奥に五重塔がある。

五重塔からさらに奥には、杉木立に囲まれた350段余りの急な石段が続き、御影《みえい》堂《どう》のある奥の院へと至る。

五重塔　国宝

高さ16.1mと小さな塔だが、均衡美は奈良でも屈指。平安初期の建立で、室生寺最古の建築。空海が一夜で建てたという伝説をもつ。檜皮葺の屋根と丹塗りの組物が周囲の緑に映えて美しい。

灌頂堂《かんじょうどう》（本堂）　国宝

14世紀初頭の建立で、寺の本堂にあたる。かつてここで、師が弟子に法を授ける密教儀式「灌頂」を行なった。本尊である如意輪観音《にょいりんかんのん》坐像《ざぞう》（重文）のほか、多くの密教法具も伝わる。

金堂　国宝

平安時代初期の建造とされる内部の須弥壇《しゅみだん》には、釈迦如来立像（国宝）を含む、金堂五仏（国宝・重文）や、個性的な相貌の十二神将（重文）が並ぶ。

五輪塔　重文

後醍醐《ごだいご》天皇に仕えた北畠親房《きたばたけちかふさ》の墓という伝承があるが、確かではない。当寺では、ほかにも宝篋印塔《ほうきょういんとう》や七重石塔など、さまざまな塔が見られる。

弥勒堂《みろくどう》　重文

鎌倉時代初期の建造で、興福寺の伝法院を移築したという。内部には威厳あふれる美しさで知られる釈迦如来坐像（国宝）や、弥勒菩薩立像（重文）が安置されている。

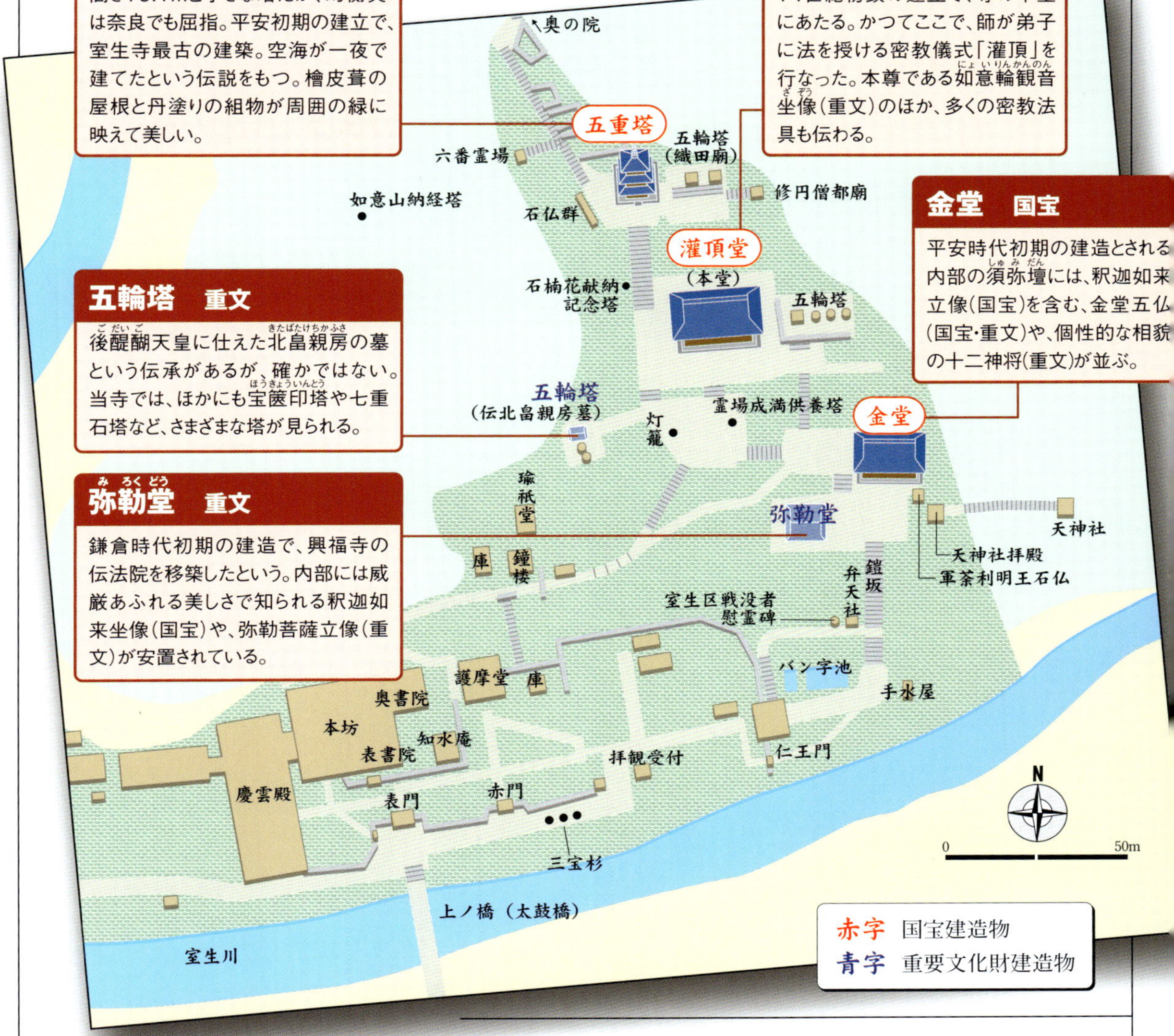

朝廷の信仰を受けてきた龍神のすむ聖地

一帯は、奈良時代から山林修行の場として知られていた。室生寺が修行道場として各宗派の僧侶を受け入れていたのもこうした背景があってのことだろう。

また、室生寺から1キロメートルほど東には、龍神をまつる室生龍穴《りゅうけつ》神社があり、平安時代には朝廷から雨乞《あまご》いの使者が遣わされたという。室生寺は明治期までこの神社の神宮寺で、龍王寺ともよばれたという。

室生寺は花の寺としても名高く、春には鎧坂から五重塔にかけて、多くの石楠花《しゃくなげ》の花を楽しむことができる。

宀一山《べんいちさん》室生寺《むろうじ》

【宗派】真言宗室生寺派大本山
【創建】770〜780年（宝亀年間）

◆アクセス

奈良県宇陀市室生78
電話：0745-93-2003
交通：近鉄大阪線室生口大野駅から奈良交通バスで15分、室生寺下車。

奈良盆地に残る大古墳群の謎

3世紀後半、西日本を中心に大規模な墳丘をもつ前方後円墳が出現する。奈良県桜井市の箸墓《はしはか》古墳などは墳丘の長さが280メートルあり、それまでの古墳と較べ規模が飛躍的に拡大している。いったい誰が、何のために、こんな巨大な古墳をつくったのだろうか。

卑弥呼の死が巨大古墳出現のきっかけか？

奈良盆地東南部の桜井市に、山容の美しい三輪山《みわやま》がある。古くから神の住む山としてあがめられ、麓《ふもと》にある**大神《おおみわ》神社**は、この三輪山そのものがご神体である。この三輪山の北西《ほくせい》麓《ろく》にあるのが、最古の前方後円墳《ぜんぽうこうえんふん》とされる**箸墓古墳**だ。

『日本書紀』には、この古墳のことを指すと考えられる「大市《おおいち》の箸墓」を、孝霊《こうれい》天皇の皇女で、三輪山の神に仕えた巫女《みこ》の**倭迹迹日百襲姫命**《やまとととびももそひめのみこと》の墓とし、「昼は人がつくり、夜は神がつくった」と伝えている。

箸墓は、3世紀半ばの築造と考えられ、この時期最大の大きさである。その被葬者が、三輪山の神に仕える巫女であると伝えられていることは、きわめて興味深い。

中国の『魏志《ぎし》』倭人伝《わじんでん》によると、かの卑弥呼《ひみこ》が亡くなったのは248年か、その直後のことである。箸墓のように巨大な古墳の、しかも初めての造営には十数年の歳月はかかるだろうから、箸墓古墳が卑弥呼の墓である可能性は、かなり高い。

前出の『魏志』倭人伝では、「卑弥呼が擁立《ようりつ》される前に倭国《わこく》が乱れた」と伝えている。倭国大乱後に成立した**ヤマト王権**の盟主が、卑弥呼の死後も、彼女の権威と霊力がヤマト王権を守ることを願ってつくったのがこの箸墓だったと考えるのは、あながち的外れではない。

なお、古墳の頂上近くには、吉備《きび》地方と濃尾《のうび》平野の首長墓に奉献されていた壺形土器の流れをひく壺形埴《はに》輪《わ》が並べられており、各地の首長たちがこの造営の一部を負担していた可能性が高い。このことから、巨大墳墓の築造は、被葬者の巨大さを誇示するものであると同時に、実はヤマト王権が、各地の首長層の寄り合い所帯である「**連合政権**」だったことを示しているとの見方も出ている。

前方後円墳はなぜ、こんな形をしているのか？

上から見ると鍵穴《かぎあな》のような形をした前方後円墳は、日本独特の墳形である。江戸時代に歴代天皇陵を調査した蒲生君平《がもうくんぺい》が、『山稜志《さんりょうし》』（1808年刊）の中で「前方後円」の語を用いて以後、この名が使われるようになった。

なぜ、このような形をしているのか、さまざまな説が出ているが、円《えん》丘《きゅう》の部分には被葬者が埋葬されているので、ここが本来の「墓」の部分で、墓に向かって葬送儀礼を行なう「祭壇」が前方、つまり手前の四角い方形の部分であると考えられる。

そして前方と後円部分をつなぐ道をつけると、ちょうど手前に撥形《ばちがた》に開いた、前方後円墳の形になるのである。このような形は、諸外国にもあまり例がないらしい。また埋葬方式も日本独特で、中国では、埋葬施設が地下に置かれ、その上に大規模な墳丘《ふんきゅう》を築いているが、日本では小山のような墳丘の頂上近くに死者を葬っている。

そのかわりというか、神経質なくらい厳重に死者を石材や粘土で封じ込めたり、魔よけとして多数の銅鏡《どうきょう》で囲ったりするのも日本独特の埋葬法である。いっぽう、古代中国では、来世も現世の延長と考え、来世の生活に役立つ家や竈《かまど》などのミニチュア類を納めたが、日本の墳墓にはこれらのものが見出せない。日本では、来世は必ずしもこの世の延長とは考えられていなかったことを示すものだろう。

奈良盆地周辺の古墳群

大型古墳の造営の流れは、古代権力の変遷の推移を知る大きな手がかりになる。まず最初に大型古墳が築かれたのは、箸墓や西殿塚古墳のある山の辺の「大和・柳本古墳群」だ。続いて奈良盆地北の「佐紀盾列古墳群」へ。ついで河内の「古市古墳群」および「百舌鳥古墳群」へと移っていった。

いっぽう、奈良盆地の西南部には「馬見古墳群」が築かれている。そこには、おそらくヤマトの中央王権とは別の巨大な勢力があったのだろう。

※破線は平城京造営のときに破壊された部分。

佐紀盾列《さきたたなみ》古墳群

奈良盆地北部、のちの平城京の北辺にあたる丘陵地帯に築かれた古墳群。築造年代は大和・柳本古墳群から少し後れて、4世紀後半～5世紀半ば頃。五社神古墳（神功皇后陵、276m）、ウワナベ古墳(265m)などの巨大な前方後円墳が多数ある。

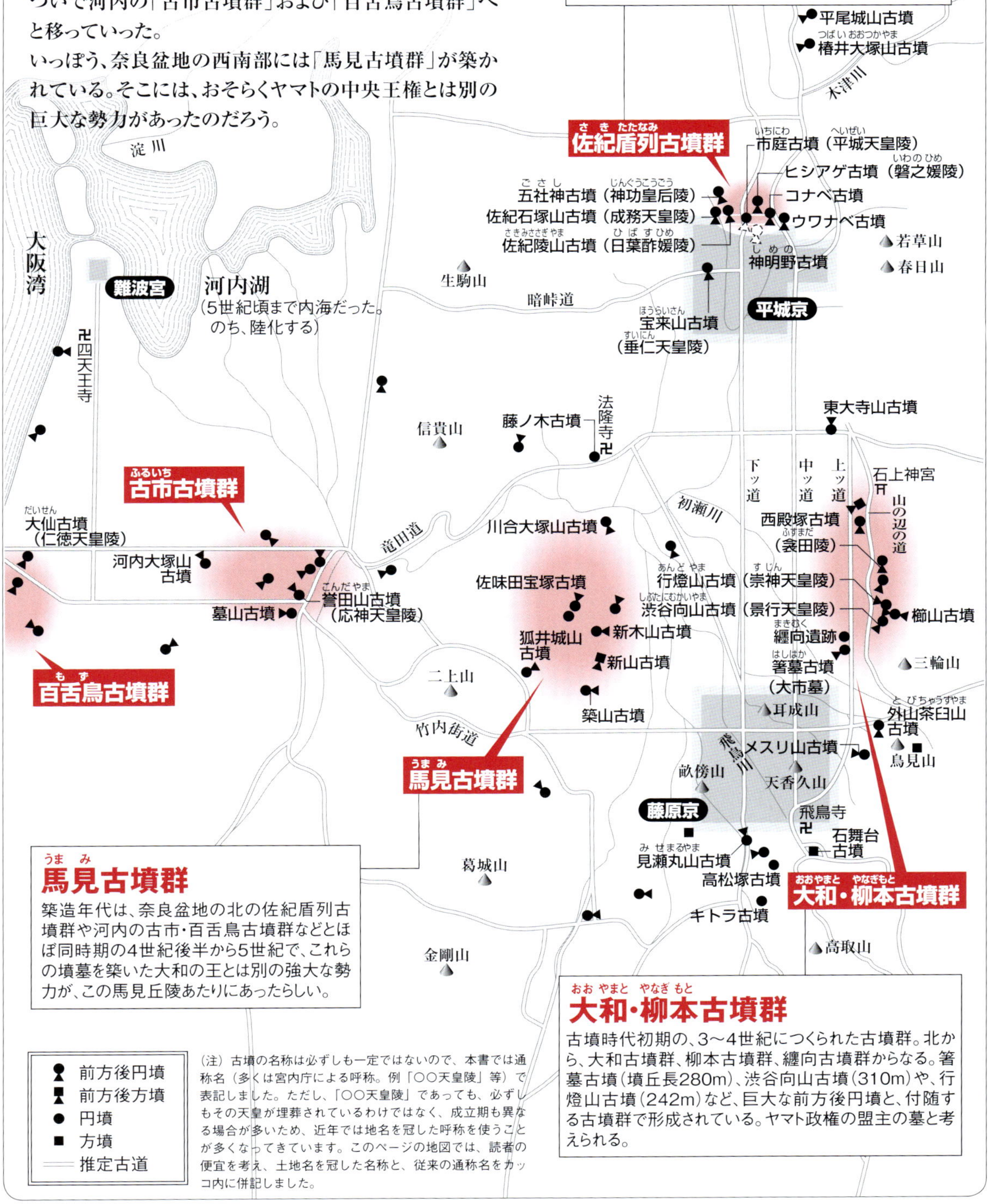

馬見《うまみ》古墳群

築造年代は、奈良盆地の北の佐紀盾列古墳群や河内の古市・百舌鳥古墳群などとほぼ同時期の4世紀後半から5世紀で、これらの墳墓を築いた大和の王とは別の強大な勢力が、この馬見丘陵あたりにあったらしい。

大和《おおやまと》・柳本《やなぎもと》古墳群

古墳時代初期の、3～4世紀につくられた古墳群。北から、大和古墳群、柳本古墳群、纒向古墳群からなる。箸墓古墳（墳丘長280m）、渋谷向山古墳（310m）や、行燈山古墳（242m）など、巨大な前方後円墳と、付随する古墳群で形成されている。ヤマト政権の盟主の墓と考えられる。

- 前方後円墳
- 前方後方墳
- 円墳
- 方墳
- 推定古道

（注）古墳の名称は必ずしも一定ではないので、本書では通称名（多くは宮内庁による呼称。例「○○天皇陵」等）で表記しました。ただし、「○○天皇陵」であっても、必ずしもその天皇が埋葬されているわけではなく、成立期も異なる場合が多いため、近年では地名を冠した呼称を使うことが多くなってきています。このページの地図では、読者の便宜を考え、土地名を冠した名称と、従来の通称名をカッコ内に併記しました。

飛鳥時代から宮が置かれた
吉野とその周辺

桜の名所、吉野山。飛鳥時代から天皇の行幸があり、修験道の聖地としても知られる。平安時代以降は、源《みなもとの》義経《よしつね》や後醍醐《ごだいご》天皇ら、夢破れた歴史の英雄たちの悲話も伝わる。

吉野川上流に位置する宮滝遺跡

吉野離宮の地

宮滝遺跡（みやたきいせき）

即位前の天武《てんむ》天皇と妃（のちの持統《じとう》天皇）も過ごした吉野離宮の推定地。縄文時代から平安初期までの敷石遺構が残っているほか、多くの土器も出土。

如意輪寺の本堂（如意輪堂）

『太平記』の舞台

如意輪寺（にょいりんじ）

後醍醐天皇ゆかりの事物が多く伝わる。特に本堂の扉に辞世の歌を残して戦いに臨み、南朝に殉じた楠木正行《くすのきまさつら》（正成《まさしげ》の子）の逸話が名高い。

御岳信仰と黄金崇拝の聖地

金峯神社（きんぷじんじゃ）

吉野山の最奥部、金峰山に立つ。古来この地には金鉱があると信じられ、御岳《みたけ》信仰と習合して崇敬された。

吉野山・下千本《しもせんぼん》の満開の桜

『今昔物語集』や浄瑠璃にも登場
壺阪寺（つぼさかでら）

正しくは南法華寺。創建は8世紀初めと推定される。本尊十一面千手観音菩薩は古くから眼病に霊験《れいげん》あらたかとされ、浄瑠璃《じょうるり》『壺坂霊験記』のお里・沢市《さわいち》の話で名高い。

後醍醐天皇が祭神
吉野神宮（よしのじんぐう）

波乱の生涯をこの地で閉じた後醍醐天皇をまつるため、明治天皇が創建。後村上天皇（後醍醐天皇皇子）が刻んだという後醍醐尊像がご神体。

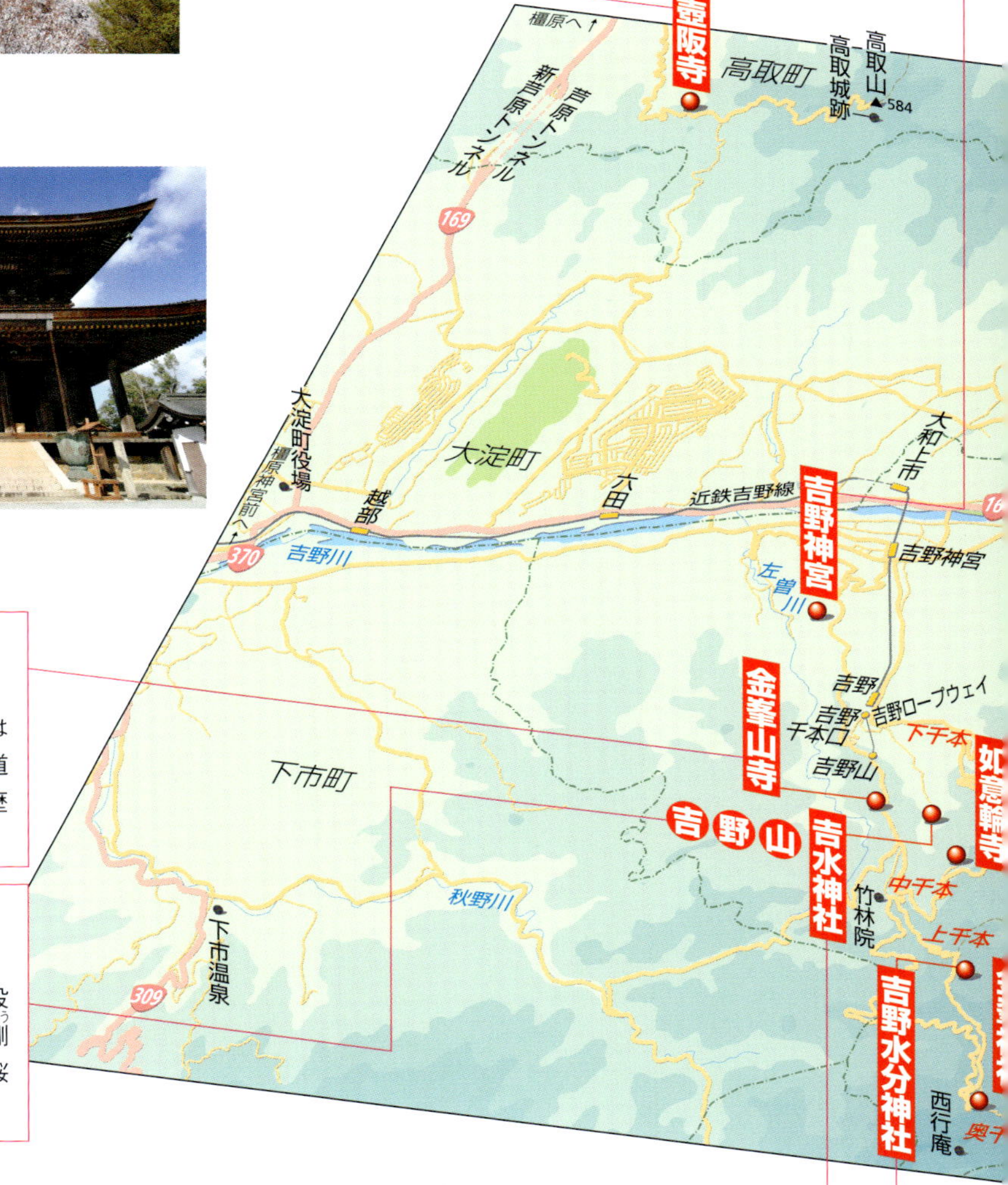

金峯山寺の本堂・蔵王堂（国宝）

修験道の根本道場
金峯山寺（きんぷせんじ）

蔵王堂《ざおうどう》で知られる古刹。寺伝では673年、役行者《えんのぎょうじゃ》による開基。修験道の霊場であり、また黄金浄土として歴代天皇にも帰依され、隆盛を極めた。

千本桜が春を彩る
吉野山（よしのやま）

古くから山岳信仰、修験道の聖地。役行者が悪魔降伏《ごうぶく》のためにつくった金剛《こんごう》蔵王権現像《ざおうごんげんぞう》の材が桜だったことから、桜木は吉野の神木となったといわれる。

吉野水分神社の本殿（重文）

歴史の目撃者
吉水神社（よしみずじんじゃ）

明治の神仏分離令までは金峯山寺に属し、吉水院といった。実兄の源頼朝《よりとも》と不和になった義経がここに一時逃れたとされ、その後は後醍醐天皇の行在所《あんざいしょ》ともなった。

水と農耕を司る神
吉野水分神社
（よしのみくまりじんじゃ）

7世紀末に朝廷から雨乞いの要請を受けたという古社。水を司ることから農耕の神となり、やがて「水分《みくまり》」が「御子《みこ》守《もり》」に転じ、「子守明神」ともよばれた。

歴史の勝者・敗者たちの吉野

古代朝廷の離宮だった 吉野宮

吉野といえば桜である。吉野山がいつ頃から桜の山となったのかわからないが、歴代天皇は、吉野を訪れることを、ことのほか好んだ。

『日本書紀』には、早くも4世紀末～5世紀の応神《おうじん》・雄略《ゆうりゃく》天皇の時代の条に「**吉野宮**」の名が見える。下って斉明《さいめい》天皇の時代（7世紀）にも吉野宮がつくられ、天武《てんむ》・持統《じとう》・文武《もんむ》・元正《げんしょう》・聖武《しょうむ》の各天皇は、この離宮へしばしば行幸《ぎょうこう》している。

一般に吉野行幸の目的は遊猟や祈《き》雨《う》のためだとされているが、それだけではなさそうである。特に吉野から高野山《こうやさん》一帯には水銀（丹《に》）の鉱脈があり、その産出と関係がある丹生《にう》神社も祭祀《さいし》していたらしい。

春、吉野山は3万本とも4万本ともいわれる桜で全山が覆われる

皇子たちをはじめ 政治的敗者をかくまった吉野の山

吉野（芳野《よしの》）山は『万葉集』以降、多くの詩歌に美しく登場したが、いっぽう、政治的敗者の退避所でもあり、過酷な歴史の舞台ともなった。「**歌書《かしょ》よりも軍書にかなし芳野山**」は、芭蕉の門弟・各務支考《かがみしこう》の句で、吉野の本質を見事に表現している。

たとえば645年（皇極《こうぎょく》4）飛鳥《あすか》板蓋宮《いたぶきのみや》において、中大兄《なかのおおえ》皇子（のちの天智《てんじ》天皇）らが蘇我入鹿《そがのいるか》を討った乙巳《いっし》の変（→P56）のあと、入鹿の従兄弟で、中大兄皇子の異母兄、古《ふる》人《ひと》大兄皇子が仏門に入るとして向かった先が吉野だった。しかしその吉野で、彼は、中大兄皇子が差し向けた兵によって殺されてしまう。

次に吉野の歴史に登場するのは、**大海人《おおあま》皇子**。671年（天智10）、天智天皇に譲位を伝えられた実弟・大海人皇子はその申し出を辞退して出家し、吉野に向かった。一行は、大津宮を出てその翌日には吉野に着いている。大津から吉野までは直線距離にして約80キロ、歩行距離ではその倍はあっただろうから、人力歩行ではぎりぎりの速さの逃避行である。

翌672年、大海人皇子は満を持して吉野で挙兵し、東国へ向かう。**壬申《じんしん》の乱**の勃発である。大海人の母・斉明天皇の離宮が吉野にあったので、その縁もあってこの地で挙兵したのだろうが、その陰には、この地の豪族の支援もあったにちがいない。大海人の軍勢は、途中、兵力を増やしつつ、近江各地で朝廷軍を撃破。大友皇子を自害に追い込んだ。

翌年、大海人皇子は即位し、**天武《てんむ》天皇**となった（→P57）。のちに、天武の妃でもあった**持統天皇**は、記録に見えるだけで33回もこの地を行幸している。かつて夫をかくまった吉野山の神々への感謝の念が深かったにちがいない。

桜舞う『義経千本桜』道行の舞台

時代は下って、壬申の乱から五百余年後。壇《だん》ノ浦《うら》で平家一門を滅ぼした功労者ながら、兄・頼朝《よりとも》と不和になった**源義経《よしつね》**が、遠く奥州を目指す前に、愛妾《あいしょう》の静御前《しずかごぜん》と一時身を隠し、別れを惜しんだのも、ここ吉野。歌舞伎『**義経千本桜《よしつねせんぼんざくら》**』の道行《みちゆき》、桜がはらはらと舞う名場面でおなじみの方も多いだろう。

そして鎌倉時代末期、「建《けん》武《む》の新《しん》政《せい》」とよばれる政治改革を行なった**後醍醐《ごだいご》天皇**が、政権崩壊後、逃れた先もやはり吉野であった。天皇はここに吉野行宮《かりみや》を設け、京都の朝廷（北朝《ほくちょう》）に対抗して南朝《なんちょう》を樹立。吉野山中にありながら、全国各地の南朝勢力と情報を交換しながら京都奪回を企てたが、果たせず病没。以後、1392年（明徳3）に南北朝が合体するまで、混乱の時代が続いた。

修験道の聖地、吉野山

花の吉野に山岳宗教と南朝の歴史を訪ねる

日本一の桜名所の吉野は、修験道《しゅげんどう》の根本霊場であり、室町時代に後醍《ごだい》醐《ご》天皇が南朝《なんちょう》を開いた地。ゆかりの社寺を、緑美しい山中に訪ねる。

銅鳥居をくぐり金峯山寺へ

起点のロープウェイ吉野山駅から、飲食店やみやげ物屋が軒を並べる賑やかな道を5分ほど歩けば、金峯山寺《きんぷせんじ》の**銅鳥居**《かねのとりい》に至る。**金峯山寺**は1300年前に役行者《えんのぎょうじゃ》（役小角《えんのおづぬ》）が開いたといわれる修験道の総本山。室町時代に再建された本堂の蔵王堂《ざおうどう》は、古建築では東大寺大仏殿に次ぐ大きさを誇り、堂内に蔵王権現《ざおうごんげん》の巨像を安置している。役行者は修行中に感得した蔵王権現を桜の木に刻み、修験道の本尊にしたと伝承されることから、吉野では桜は神聖視され、信者の献木によって、全山を覆《おお》うまでになったという。

後醍醐天皇を祭神とする**吉水神社**《よしみず》は、明治以前は吉水院と称した格の高い僧坊で、後醍醐天皇は、ここに一時身を寄せたのち、現在の蔵王堂の西側に宮を設け、南朝を樹立した。

急坂を上って吉野山の最奥へ

吉水神社の少し先で尾根筋の道を離れ、いったん谷へ下って上り直すと、後醍醐天皇の勅願寺《ちょくがんじ》の**如意輪寺**《にょいりんじ》が立つ。裏山には還幸《かんこう》を夢みながらこの地で崩じた後醍醐天皇の陵《みささぎ》があり、宝物殿には重要文化財の蔵王権現像などが安置されている。

今来た道を尾根筋まで引き返せば、聖徳太子《しょうとくたいし》が創建したと伝わる修験寺院の**竹林院**《ちくりんいん》がある。吉野の山々を借景とする池泉回遊式《ちせんかいゆうしき》庭園の群芳園《ぐんぽうえん》は、大和三庭園に数えられる。この先、道は険しい上り坂となるが、上るほどに視界が開け、春には全山を覆う桜が一望できる。

坂を上りきった所に立つ**吉野水分**《よしのみくまり》神社は、流水の分配を司る「天之水分神《あめのみくまり》」をまつるが、「みくまり」が「みこもり」と訛《なま》って、子授け、子守の神としても信仰される。吉野山の最奥に位置する金峯《きんぷ》神社の祭神は、吉野山の地主神。かつては金峯山寺とともに一大霊場を構成していた古社だが、今はひっそりとたたずむ。

おすすめ探訪コース

所要時間 約5時間

※地図上の━ルート

ロープウェイ吉野山駅 ◀◀◀ 徒歩5分 ◀◀◀ 銅鳥居・金峯山寺 ◀◀◀ 徒歩5分 ◀◀◀ 吉水神社 ◀◀◀ 徒歩20分 ◀◀◀ 如意輪寺 ◀◀◀ 徒歩30分 ◀◀◀ 竹林院 ◀◀◀ 徒歩25分 ◀◀◀ 吉野水分神社 ◀◀◀ 徒歩25分 ◀◀◀ 金峯神社 ◀◀◀ 徒歩5分 ◀◀◀ 奥千本口バス停

【アクセス】 **近鉄奈良駅**から近鉄奈良線・橿原線特急・吉野線特急と乗り継ぎ、1時間10分で吉野駅下車。吉野千本口駅から吉野ロープウェイ3分で吉野山駅下車。帰路は**奥千本口バス停**から吉野大峯ケーブルバスで20分、吉野山駅下車、吉野ロープウェイで吉野千本口駅下車。吉野駅から近鉄奈良駅まで乗り継ぐ。

古代神話の地

當麻・葛城

大阪府と接するこの一帯は、「記紀」に記された伝説や『万葉集』の哀歌、口承に残るさまざまな逸話に彩られた地域である。なかでも當麻《たいま》の中将姫《ちゅうじょうひめ》伝説、葛城《かつらぎ》の高天原《たかまがはら》伝説は、特に名高い。

推古天皇が開いた古代の道

竹内街道(たけのうちかいどう)

推古天皇が難波《なにわ》から飛鳥《あすか》に至る官道を開いたという記述が『日本書紀』に見られる。難波津(大阪湾)からこの道を経て、大陸の先進文化が大和に届けられた。

神武天皇即位の地

橿原神宮(かしはらじんぐう)

祭神は神武《じんむ》天皇と皇后媛蹈鞴五十鈴媛《ひめたたらいすずひめ》(大物主神《おおものぬしのかみ》の娘)。神武天皇の皇居橿原宮《かしはらのみや》址に1890年創建。本殿と拝殿(現在の神楽殿《かぐらでん》)は、明治天皇により京都御所の賢所《かしこどころ》と神嘉殿《しんかでん》が下賜されたもの。

なに事もひと言で解決

葛城一言主神社

(かつらぎひとことぬしじんじゃ)

「記紀」に、葛城山の神は凶事も吉事もひと言で解決する霊力をもつと記されており、地元では「いちごんさん」の愛称で親しまれている。

橿原神宮の外拝殿

橿原神宮付近から望む二上山

葛城一言主神社の拝殿

當麻寺の東塔と西塔（ともに国宝）

高天原伝承地

山上に大津皇子の墓がある
二上山（にじょうざん／ふたかみやま）
山名は北の雄岳《おだけ》と南の雌岳《めだけ》の2つの頂をもつことに由来。雌岳山上には、謀反の疑いを受けて自害した大津皇子《おおつのみこ》の墓と、葛城《かつらぎ》二上神社《にじょうじんじゃ》がある。

創建時の東西両塔が残る
當麻寺（たいまでら）
寺伝によると681年、河内国《かわちのくに》の万法蔵院《まんぽうぞういん》を現在地に移したのが開創。中将姫《ちゅうじょうひめ》が蓮《はす》糸で織ったとされる曼荼羅《まんだら》（国宝）で名高い。毎年5月14日の「練供養《ねりくよう》」は、姫の往生を再現した行事。

日本神話のふるさと
葛城山（かつらぎさん）
古くは南の金剛山《こんごうさん》を含めて葛城山とよんでいた。山麓《さんろく》には古代からの由緒ある神社が多い。

役行者が修行を積んだ
金剛山（こんごうさん）
山頂にある役行者《えんのぎょうじゃ》創建の転法輪《てんぼうりん》寺《じ》（金剛山寺）で知られる山。古くはこの山を含め葛城山とよばれた。

※金剛山ロープウェイ運休中。（2021年3月現在）

金剛山中腹にある高天彦神社

高天原伝承の地に建つ
高天彦神社（たかまひこじんじゃ）
記紀神話の「高天原《たかまがはら》」と伝承される地に立つ。祭神は古代豪族・葛城氏の祖神とされる高皇産霊神《たかみむすひのかみ》。

全国の賀茂社の総社
高鴨神社（たかがもじんじゃ）
鴨一族の氏神で、大和国屈指の古社のひとつ。京都の上賀茂《かみがも》神社、下《しも》鴨《がも》神社とも縁が深い。

歴史探訪ガイド

當麻寺周辺

中将姫伝説と古代の悲劇の舞台を訪ねる

當麻《たいま》は、二上山《にじょうざん》の麓《ふもと》に広がる地で、古代豪族・當麻氏の本拠地とされる。名刹《めいさつ》が点在し、多くの伝説が残されている。

相撲と曼荼羅伝承の地

曼荼羅堂ともよばれる當麻寺の本堂（国宝）

起点となる当麻寺《たいまでら》駅から歩き始めると、**蹶速塚**《けはやづか》がある。あたりは、相撲の開祖、當麻蹶速《たいまのけはや》の出身地とされており、葛城市相撲館「けはや座」など、資料館も整備されている。

さらに進むと、やがて正面に**當麻寺**《たいまでら》の仁王門が見えてくる。古代豪族、當麻氏の氏寺で、7世紀の創建と伝えられる古刹である。右大臣藤原豊《ふじわらのとよ》成《なり》の娘、中将姫《ちゅうじょうひめ》が、仏の加護を得て、一夜にして蓮糸《はすいと》で曼荼羅《まんだら》を織り上げ救済されたという「中将姫伝説」が残る。現存する當麻曼荼羅（国宝）は、金糸をまじえた絹の綴織《つづれおり》で織られたもの。

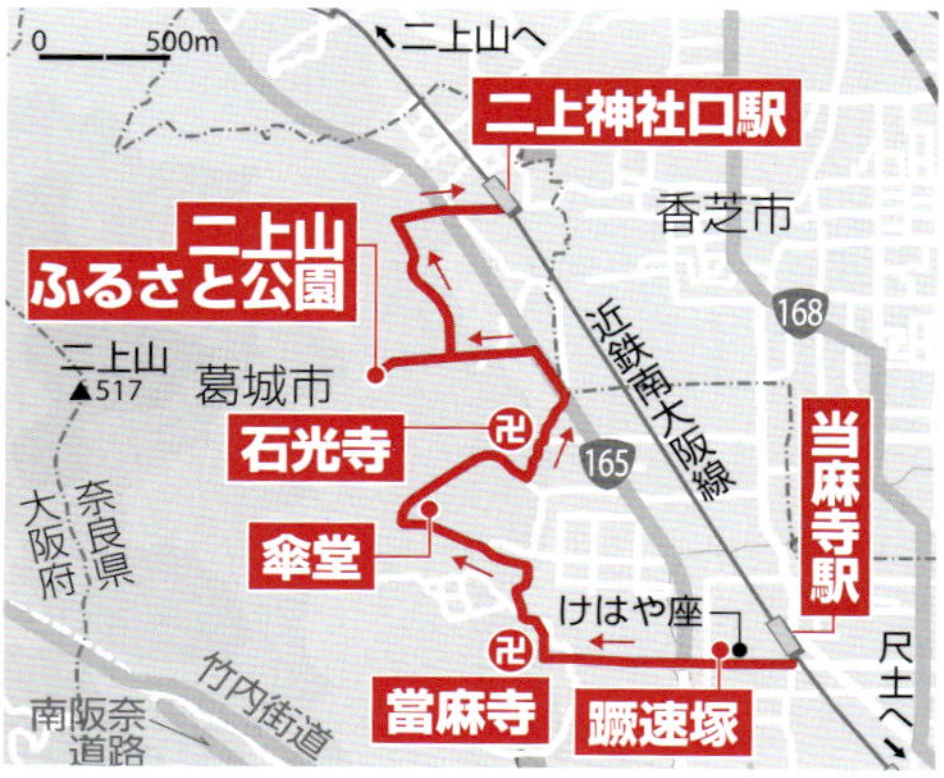

拝観を終えたら北門から出て中将姫墓塔を参拝。すぐ先で左折し、傘《かさ》堂《どう》へ向かう。太い四角の柱1本で瓦《かわら》葺《ぶ》きの屋根を支える独特の堂だ。

傘堂西側の辻を右にとって、**石光寺**《せっこうじ》（**染寺**《そめでら》）へ。こちらも中将姫ゆかりの寺で、境内には姫が蓮糸を染めたという「染《そめ》の井《い》」や、かけて乾かしたという「糸かけ桜」などがある。

なお、當麻寺、石光寺とも、牡丹《ぼたん》の美しい寺としても有名だ。

雄岳・雌岳が寄り添う二上山

石光寺をさらに北へ向かうと、**二上山ふるさと公園**。国道を渡ると、ゴールの二上神社口駅に着く。

二上山は雄岳雌岳《おだけめだけ》の2峰からなり、万葉時代、「ふたかみやま」とよばれ、聖なる山とされた。雄岳山上には謀《む》反《ほん》の罪で葬られた、悲劇の皇子・大《おお》津《つ》皇子（天武《てんむ》天皇皇子）の墓がある。

皇子の埋葬後、同母姉の大伯《おおく》皇女が二上山を詠んだ歌は、『万葉集』屈指の絶唱として知られる（→P50）。

山頂へ足をのばすなら、傘堂から西へ向かうと岩屋峠を経て雌岳山頂に出る。行程は3時間ほどだ。

おすすめ探訪コース

所要時間 約4時間

当麻寺駅 → 徒歩10分 → 蹶速塚 → 徒歩10分 → 當麻寺 → 徒歩15分 → 傘堂 → 徒歩13分 → 石光寺（染寺） → 徒歩10分 → 二上山ふるさと公園 → 徒歩10分 → 二上神社口駅

※地図上の━ルート

【アクセス】 **近鉄奈良駅**から近鉄奈良線で5分、大和西大寺駅下車、近鉄橿原線急行で30分、橿原神宮前駅下車、近鉄南大阪線準急で18分、当麻寺駅下車。**二上神社口駅**から近鉄南大阪線・橿原線・奈良線と乗り継ぎ、1時間、近鉄奈良駅下車。

葛城周辺

「記紀」に描かれた神話と伝説の舞台をめぐる

葛城山《かつらぎさん》は『万葉集』に歌われ(→P50)、かつては南に位置する金剛《こんごう》山《さん》とともども「かづらきやま」として親しまれた山。山麓《さんろく》を走る葛城古道は、「山《やま》の辺《べ》の道」(→P74)同様、日本神話のふるさとともいわれる。

古い寺社が鎮座する道

起点となる猿目橋《さるめばし》バス停から坂を下ると六地蔵石仏がある。石仏を目印に右折し、あぜ道を南へ向かう。

やがて現れるのが**九品寺《くほんじ》**。聖武《しょうむ》天皇の時代、行基《ぎょうき》による創建と伝えられる古刹で、本堂から裏山に至る細道には、境内の竹藪《たけやぶ》から出土した千体石仏が並ぶ。

南へ向かうと、**葛城《かつらぎ》一言主神社《ひとことぬしじんじゃ》**に出る。「記紀」には、雄略《ゆうりゃく》天皇が葛城山に登った際、天皇の姿に似た神様が現われ、「一言主」と名乗ったと伝える。地元の人は「いちごんさん」とよび、一言だけ頼めば願いが叶うとされる。本殿前にはイチョウの巨木が聳《そび》え、黄葉が美しい。

高天原の伝承地を歩く

一言主神社正面の杉並木を進み、古民家が軒を連ねる名柄《ながら》集落へ。一際目を引く**中村家住宅**(重文)は約400年前の代官屋敷。しばらくは歩きやすい道を進むが、極楽寺《ごくらくじ》からは急勾配《きゅうこうばい》の山道が続く。極楽寺は南北朝時代の名将・楠木正成《くすのきまさしげ》の祈願寺。

登り切った所に立つ橋本院は、行基ゆかりの寺。ここから**高天彦《たかまひこ》神社**一帯は天照大御神《あまてらすおおみのかみ》が治めた高天原《たかまがはら》の伝承地だ。坂道を下れば、**高鴨《たかがも》神社**に着く。古代豪族・鴨《かも》一族の氏神で、神さびた雰囲気が漂う古社だ。

老杉に覆われた参道の奥にある高天彦神社

おすすめ探訪コース

所要時間 約5時間

※地図上の━ルート

猿目橋バス停 ◀◀◀ 徒歩20分 ◀◀◀ 九品寺 ◀◀◀ 徒歩20分 ◀◀◀ 葛城一言主神社 ◀◀◀ 徒歩15分 ◀◀◀ 中村家住宅 ◀◀◀ 徒歩20分 ◀◀◀ 極楽寺 ◀◀◀ 徒歩40分 ◀◀◀ 高天彦神社 ◀◀◀ 徒歩40分 ◀◀◀ 高鴨神社 ◀◀◀ 徒歩20分 ◀◀◀ 風の森バス停

【アクセス】 **近鉄奈良駅**から近鉄奈良線・橿原線・南大阪線・御所線と乗り継いで1時間15分で近鉄御所駅下車。奈良交通バスで13分、猿目橋バス停下車。**風の森バス停**から奈良交通バスで17分、近鉄御所駅下車。ここから近鉄線を乗り継いで近鉄奈良駅へ。

奈良の祭・年中行事

日本ではじめて都が置かれた奈良は、古来から続く祭、故事にちなむ行事が多い。祭とともに四季折々の自然が楽しめることも、奈良ならではの魅力だ。

1月

若草山焼き【1月第4土曜】**若草山**
山全体を焼くこの行事は、一説には、1760年（宝暦《ほうれき》10）に興福寺、東大寺、春日大社の領地争いがもとで始まったとされている。燃え上がる山が夜空に浮かびあがり、奈良の新年を飾る炎の祭典である。

光仁会《こうにんえ》（がん封じ笹酒祭り）【1月23日】**大安寺《だいあんじ》**
『続日本紀』の故事にちなみ、がん封じの祈祷、笹酒の接待がある。

2月

鬼追い式【節分】**興福寺**
鬼が松明《たいまつ》をかざして暴れるなか、毘沙門天《びしゃもんてん》が現れ、騒ぎを収める。

元興寺節分会【節分】**元興寺《がんごうじ》**
護摩壇木を渡して行なう「火渡り」の行で、年越厄除けを願う。

3月

修二会《しゅにえ》（お水取り）【3月1～14日】**東大寺**（二月堂）
国家の安泰と人々の豊楽を祈る法要。お水取りは、深夜、本尊に供える「お香水」を汲み上げる儀式。この行を勤める練行衆の道明かりに大きな松明に火がともされ、迫力ある光景が観衆を沸かせる。

御田植祭《おたうえさい》【3月15日】**春日大社**
田男の耕作、八乙女の田植えの舞が見られる。

修二会花会式《はなえしき》【3月25～31日】**薬師寺**
金堂本尊前に10種の造花を飾り行法が行なわれる。

4月

ひな会式《えしき》【4月1～7日】**法華寺《ほっけじ》**
50体以上もの善財童子像が本尊前に並ぶ祭礼。

おたいまつ（修二会）【4月8日】**新薬師寺《しんやくしじ》**

采女祭

6月

三枝祭《さいくさ》（ユリ祭）【6月17日】**率川神社《いさがわ》**
大宝年間から伝わる神事。お供えの百合の花は疫病除けになる。

竹供養（がん封じ夏祭り）【6月23日】**大安寺**
中国故事に伝える竹酔日《ちくすいにち》。がん封じ祈祷では笹酒がふるまわれる。

7月

ライトアッププロムナード・なら【7月19日～9月30日】
猿沢池／興福寺五重塔／春日大社一の鳥居／奈良国立博物館本館／浮見堂／円窓亭／仏教美術資料研究センター／東大寺／奈良県新公会堂／薬師寺／平城宮跡朱雀門
奈良の代表的・歴史的建造物のライトアップをするイベント。

夏のえんまもうで【7月16日】**白毫寺《びゃくごうじ》**
閻魔王《えんまおう》の縁日に無病息災を祈る。団扇《うちわ》とこんにゃく田楽の接待。

率川神社の三枝祭。笹百合が飾られ、巫女たちの神楽が奉納される

春日大社の万燈籠。参道の石燈籠や回廊の釣燈籠が一斉に灯され、幽玄な雰囲気をかもし出す

薬師如来の悔過所《けかしょ》として、滅罪や厄除《やくよ》けを祈願。

5月

饅頭祭《まんじゅうまつり》【4月19日】**漢國神社《かんごうじんじゃ》内林《りん》神社**
日本で初めて饅頭をつくったといわれる林浄因《りんじょういん》の徳をしのぶ。

献氷祭《けんぴょうさい》【5月1日】**氷室《ひむろ》神社**
710年、氷の貯蔵所で神をまつったことに由来。　花氷や氷柱を奉献。

聖武天皇祭【5月2日】**東大寺**
聖武天皇の忌日にちなみ、法要、天平から室町までの時代行列がある。

薪御能《たきぎおのう》【5月第3金・土曜】**春日大社・興福寺**
平安時代から始まり、猿楽から能楽へと発展してきた野外能。　金春《こんばる》・金剛《こんごう》・宝生《ほうしょう》・観世《かんぜ》の能楽4座による能と、狂言が演じられる。

うちわまき　【5月19日】**唐招提寺**
数千本の団扇《うちわ》で講堂内を荘厳《しょうごん》、鼓楼《ころう》からは団扇が参拝者にまかれる。

炎の祭典、若草山焼き

※写真は多重露光により撮影されたもので、実際の見え方と異なります。

（上）春日大社「春日若宮おん祭」のお渡り式（右）唐招提寺の「うちわまき」

8月

大仏さまお身拭《みぬぐ》い【8月7日】**東大寺**
僧侶や関係者によって大仏の御身を浄める年に1度の行事。

中元万燈籠《まんとうろう》【8月14～15日】**春日大社**
2月の節分の日と同様に約3000基の燈籠が灯《とも》される伝統行事。

万灯供養会《まんとうくようえ》　【8月15日】**東大寺**
大仏に灯火を供え諸霊を供養。　中門から大仏のお顔が拝観できる。

大文字送り火【8月15日】**高円山《たかまどやま》**
1月の若草山焼きと、照応する夏の炎の祭典。午後8時、高円山に点火される。煩悩の焼却と諸霊を供養する清浄心を表わす「大」の字は、火床が108穴あり、第1画109メートル、第2画164メートル、第3画128メートルの長さがある。

9月

芝能《しばのう》【第2土曜】　**奈良県新公会堂**
春日の神山を背景に、舞台を設けずに芝の上で能が上演される。

采女祭《うねめまつり》【仲秋の名月の日】**采女《うねめ》神社**
花扇や花扇使を乗せた龍頭船《りゅうとうせん》が猿沢池《さるさわいけ》に繰り出され、池を回る。

観月讃仏会《かんげつさんぶつえ》【仲秋の名月の日】**唐招提寺**
名月の日、金堂の扉を特別に開いて行なわれる月見。

10月

大茶盛式《おおちゃもり》【第2日曜】**西大寺《さいだいじ》**
本堂でお茶のお点前《てまえ》、本席は愛染堂《あいぜん》の大広間。　1月と4月にも。

11月

文化の日萬葉雅楽会《まんようがかくかい》【11月3日】**春日大社神苑　萬葉植物園**
園内の池の中の島に張り出した舞台で、雅楽の公演が催される。

けまり祭【11月3日】**談山《たんざん》神社**
御祭神・藤原鎌足の蹴鞠《けまり》会の故事にちなむ行事。　4月にも。

12月

春日若宮おん祭【12月15～18日】**春日大社**
若宮の神霊を春日参道脇の御旅所に遷す。お渡り式や奉納芸能あり。

お身拭い【12月29日】**薬師寺**
お正月用の餅をつき、その時に使用したお湯を使って薬師如来、日光《にっこう》・月光《がっこう》両菩薩像などが拭《ふ》き清められる。

歴史探訪研究会

奈良、京都、鎌倉、江戸など各時代の都市や街道、城下町などの歴史や地理・文化それぞれに得意分野をもつ歴史・地理研究家、編集者などで構成する研究グループ。従来の観光ガイドにはなかった新しい視点で都市を探訪。地図を通して歴史を読み解く試みに挑戦している。

写真提供　植田英介
上山好庸
赤松建一
三上富之
飛鳥園
大神神社
橿原神宮
春日大社
宮内庁
国立国会図書館
正倉院
談山神社
東京国立博物館
奈良国立博物館
奈良市観光協会
奈良文化財研究所
広瀬雅信／アフロ
吉野山観光協会
GLCF/University of Maryland

カバーデザイン　堀　公明
イラスト　倉本ヒデキ
DTP　竹内直美
地図製作　小学館クリエイティブ

編集　小学館クリエイティブ
深澤雅子
編集協力　パーソナル企画
長谷川ゆかり
米戸麻衣
山本裕子
八木　孝
地図校正　渡辺真史

本書の鳥瞰図は 3D ソフト「カシミール 3D」を使用して作成しました。
また、鳥瞰図の作成に当たっては、国土地理院発行の数値地図 50000（地図画像）、基盤地図情報を使用。米国メリーランド大学 GLCF の衛星画像を使用しています。

奈良 歴史地図帖

2015年3月2日　初版第1刷発行
2021年3月13日 初版第2刷発行

発行者　宗形 康
発行所　株式会社 小学館クリエイティブ
〒101-0051　東京都千代田区神田神保町2-14
SP神保町ビル
電話　0120-70-3761（マーケティング部）
発売元　株式会社 小学館
〒101-8001　東京都千代田区一ツ橋2-3-1
電話　03-5281-3555（販売）
印刷・製本　大日本印刷株式会社

ISBN978-4-7780-3513-6

●本書は 2006 年に発行された『歴史地図本 古代日本を訪ねる 奈良 飛鳥』（大和書房刊）に加筆訂正したものです。